RUCOLA
1500
MAZZO
2500
PEZZO
1500

Südtiroler Küche

1997

Gesamtherstellung: Athesiadruck, Bozen
ISBN 88-7014-917-X

Angelika Ilies · Klaus Arras

Südtiroler Küche

Neue Ideen, köstlich und leicht

VERLAGSANSTALT ATHESIA · BOZEN

Vorwort

Südtirol lädt zum Genießen ein – mit einer neuen alpenländischen Küche, die Bewährtes pflegt, Vergessenes wiederentdeckt und Neues schafft. Sie tut dies mit Gerichten, bei denen die beliebten Zutaten auf traditionelle Weise oder in neuen Kombinationen verarbeitet werden. Klassisches wird modernisiert und verfeinert, weniger üppig und mit reichlich frischen Zutaten abgewandelt.

Es ist eine Küche der Jahreszeiten, in der im Frühling Spargel und Erdbeeren Trumpf sind und im Sommer Kräuter und Gemüse für leichten Genuß sorgen. Der Herbst verführt mit Waldfrüchten zum Genießen, und der Winter lockt mit kräftiger und gediegener Küche. Nehmen Sie die Einladung an! Lernen Sie die neue Küche Südtirols kennen und lieben.

Inhalt

Inhalt

Die neue, leichte Küche Südtirols

Kulinarische Historie

Zwar bildet der Alpenhauptkamm eine natürliche Grenze zwischen Nord und Süd; jahrtausendelang begangene Pässe ermöglichen es aber seit jeher, diese Grenze zu überwinden – von Nord nach Süd, von Süd nach Nord. Fremde Völker durchzogen dabei das heutige Südtirol. Sie hinterließen Spuren, Traditionen und mit diesen natürlich auch Kochrezepte.

Die Kirche von Missian im Überetsch mit der Ruine Boymont im Hintergrund.

Basis der Südtiroler Küche ist eine herzhaft-kräftige Bergbauernküche, zu der unter anderem Gerstensuppe, Kasnocken und schwarzplentene Spatzln gehören.
Dazu gesellen sich Spezialitäten aus Österreich und Böhmen, so etwa Speckknödel und die vielen Mehlspeisen – schließlich gehörte das Land einst zur österreichisch-ungarischen Monarchie. Erst nach dem Ersten Weltkrieg wurde Südtirol gegen seinen Willen Italien angegliedert. Heute beträgt der italienische Bevölkerungsanteil etwa 30 Prozent, und die Einflüsse aus dem südlicheren Italien sind auch in der Küche nicht zu leugnen. Ob Minestrone oder Antipasto, Pasta oder Polenta – Italienisches kommt oft auf den Tisch.

Regionale Spezialitäten

Viele Produkte und Speisen sind untrennbar mit Südtirol verbunden. Als erstes sei der unvergleichliche Südtiroler Speck genannt, der zur Zwischenmahlzeit gehört, der aber auch vielen Südtiroler Speisen sein typisches Aroma verleiht. Die Kunst, Schweinefleisch durch Pökeln und Räuchern haltbar zu machen, hat hier eine lange Tradition. Das Fleisch wird mit Salz, Pfeffer und vielen Gewürzen eingerieben, mit Wein und Wasser übergossen, an der Luft getrocknet und schließlich geräuchert.
Typisch auch das dünne, knusprig-harte Schüttelbrot, ein nur aus Roggenmehl und Wasser zubereitetes Brot der Bauern, heute ebenfalls ein Markenzeichen des Landes und auch außerhalb der Landesgrenzen zu bekommen.

Prägen Landschaft und Küche: Wein und Äpfel

Weinbau in Südtirol hat eine lange Tradition; bereits vor zweieinhalb Jahrtausenden wurde hier von den Rätern Wein angebaut.
Vor mehr als hundert Jahren dann veranstalteten fortschrittliche Weinbauern zum ersten Mal eine Fachmesse für Wein, den »Bozner Frühjahrsweinmarkt«. Der Erfolg gab ihnen recht, und bis heute kann der Weinliebhaber

Die neue, leichte Küche Südtirols

alljährlich im Frühjahr auf der »Bozner Weinkost« die edlen Tropfen aus den Südtiroler Anbaugebieten verkosten. Dabei ist die Rebenfläche nur klein – ganze 5000 Hektar in Höhen bis zu gut 1000 Metern sind bepflanzt. Etwa 70 Prozent davon sind Rotweinreben: Vernatsch (in Württemberg Trollinger genannt) und Lagrein, Blauburgunder, Merlot und Cabernet. Die bedeutenden Weißweinreben sind Gewürztraminer, Pinot Blanc (Weißburgunder) und Pinot Grigio (Grauburgunder); aber auch Sauvignon, Silvaner, Müller-Thurgau, Kerner, Veltliner, Chardonnay und Riesling werden angebaut.

Daraus keltern die Weinbauern die verschiedensten Weine: Ob süffiger Tropfen für den Alltag oder reifer Wein für besondere Anlässe, ob trocken oder fruchtig, ob weiß oder rot – für jeden Geschmack ist etwas dabei.
Ein weiteres landwirtschaftliches Produkt ist aus Südtirol nicht wegzudenken – der Apfel. Im Frühling verwandeln die Bäume die Landschaft vielerorts in ein wahres Blütenmeer, im Herbst dann verführen die reifen Früchte zum Hineinbeißen. Tonnenweise werden Golden Delicious, Jonathan und Morgenduft geerntet und in alle Welt verschickt.

Die neue, leichte Küche Südtirols

Typisch Südtirol: das Törggelen

Der Herbst ist Zeit der Weinlese und damit auch die Törggelezeit: Wenn Ende Oktober der Most zu neuem Wein wird, kostet man davon, genießt dazu gebratene Kastanien, frische Nüsse, Speck und Brot, Kaminwurzen und allerlei andere Köstlichkeiten.
Übrigens: Das Wort stammt nicht etwa vom »Torkeln« nach zu reichlichem Weingenuß, sondern vom lateinischen Wort »torculum« (Weinpresse). Zudem hat das Törggelen eine lange Tradition und ist keineswegs eine Erfindung Südtiroler Gastwirte. Bereits vor Jahrhunderten probierten Freunde und Nachbarn gemeinsam mit dem Weinbauern den neuen Wein.

Die Küche der Jahreszeiten

Frische ist in der modernen Küche Südtirols gefragt; sie ist eine Küche der Jahreszeiten. Es kommen jene Zutaten in die Küche und auf den Tisch, die gerade draußen geerntet und auf den Märkten im Überfluß angeboten werden.

Der legendäre Bozner Obstmarkt

Im Frühjahr gibt es reichlich Rhabarber und Erdbeeren, Spargel und Löwenzahn. Zarte Kräuter sprießen und sorgen für viel Geschmack. Der Sommer dann bedeutet, in Kräutern zu schwelgen. Es gibt Früchte in Hülle und Fülle – wer kann bei Himbeeren, Johannisbeeren und Stachelbeeren schon widerstehen? Auf den Märkten leuchten Tomaten und Paprika, und frische Salate laden zum leichten Genießen ein. Im Herbst kommt die Zeit der Weinlese und damit auch die Törggelezeit. Es gibt heiße Kastanien und frische Nüsse, die wunderbar aromatischen Steinpilze und andere Waldfrüchte. Äpfel, Birnen, Feigen und Weintrauben reifen im Überfluß. Das Jahr neigt sich dem Ende, der Winter steht vor der Tür. In der Küche geht es üppiger zu. Kraut, ob frisch oder zu Sauerkraut verarbeitet, kommt häufig auf den Tisch. Unverzichtbar auch Tiroler Speck und luftgetrocknete Würste, herzhafte Knödel und saftiges Gulasch.

Tips für gutes Gelingen

Die Personenzahlen. Vor jedem Rezept steht die Personenzahl, für die die angegebenen Mengen ausreichen. Allerdings: Der eine ißt bekanntlich mehr, der andere weniger. Die Angaben können deshalb stets nur Anhaltswerte darstellen.

Die Zutaten. In den Zutatenlisten sind stets die Mengen für ungeputzte Ware angegeben. So können Sie diese Mengen bequem als Einkaufsliste nutzen. Ansonsten gilt bei den Mengenangaben stets, daß Teelöffel und Eßlöffel gestrichen voll gemacht werden.

Die Garzeiten. Jeder Herd arbeitet ein wenig anders, vor allem sind die Temperaturangaben bei Backöfen nicht konstant. Zudem weisen alle Lebensmittel in ihrer Konsistenz Unterschiede auf. Zeitangaben in Rezepten können deshalb stets nur Anhaltswerte bieten. Schauen Sie rechtzeitig nach, ob das Essen oder Ihr Kuchen bereits fertig ist.

Erster Schritt: das Lesen des Rezeptes. Bitte vor Beginn der Zubereitung das Rezept einmal vollständig durchlesen. Stellen Sie nach Möglichkeit alle Zutaten bereit, wiegen Sie, vor allem beim Backen, alle Zutaten genau ab.

Sorgfältiges Verarbeiten. Frische ist nicht nur bei der Auswahl der Zutaten oberstes Gebot. Was superfrisch auf dem Markt erstanden wird, sollte natürlich nicht lange im Kühlschrank aufbewahrt werden. Deshalb die Zutaten möglichst am Einkaufstag verarbeiten und dabei möglichst schonend vorgehen. Wichtig ist auch, die Zutaten rasch nach der Vorbereitung zu garen. Vor allem Obst und Gemüse sollten nach dem Waschen und Putzen umgehend gegart werden, damit Nährstoffe bestmöglich erhalten bleiben.

Gesundes Garen. Alles soll zudem so sanft und schonend wie möglich zubereitet werden, damit Vitamine, Mineralstoffe und die Aromen bestens erhalten bleiben. Deshalb gilt: Garen der Zutaten stets so lange wie nötig und so kurz wie möglich.
Zudem sind schonende Garmethoden empfehlenswert. Dazu gehört vor allem das Dünsten von Gemüse. Die Zutaten kommen mit ganz wenig Flüssigkeit in den Kochtopf, und dieser wird fest verschlossen. So kann nichts aus dem Topf entweichen, und die Inhaltsstoffe werden nicht aus dem Gemüse heraus in das Kochwasser geschwemmt.

Kräuterfrische auf Vorrat. Kräuter sorgen nicht nur für viel Geschmack, sie liefern zudem eine große Menge gesunder Nährstoffe. Leider welken die zarten Blättchen rasch. Wer also weder Kräuter im eigenen Garten anpflanzen noch tagtäglich auf dem Markt vorbeischauen kann, sollte sich das feine Grün auf Eis legen. Nahezu alle Kräutersorten lassen sich hervorragend einfrieren. Dafür am besten ganz frische Kräuter waschen, trockenschütteln und hacken. Auf einem Brett ausbreiten und gefrieren lassen, erst dann in kleine Einfrierdosen oder Tiefkühlbeutel umfüllen und fest verschließen. So können Sie jederzeit auch kleine Mengen verwenden, die Kräuter frieren nicht zu einem Block zusammen.

Die neue Pfarrkirche in Oberbozen.

Frühling

Die Natur erwacht: die ersten wärmenden Sonnenstrahlen, das erste zarte Grün in den Gärten, an den Bäumen, auf den Wiesen. Der erste Rhabarber wird angeboten, der erste Spargel verführt zum Schlemmen. Genießen Sie Spargelsalat und Spargelkuchen, Pasta und Reis mit Kräutern, zartes Lamm und Gröstl auf neue Art, Topfennocken und Erdbeertörtchen. Kurz gesagt: Genießen Sie die schönste Zeit des Jahres!

Frühling

Spargelsalat

Zutaten für 4 Personen:

500 g Spargel
Salz
Zucker
Butter
1 Bund Radieschen
2 EL Weinessig
2 EL neutrales Pflanzenöl (und Öl zum Braten)
3 EL Pistazien- oder Walnußöl
schwarzer Pfeffer aus der Mühle
250 g Hähnchenbrustfilet
reichlich frischer Kerbel

1 Den Spargel waschen und schälen, die Stangen dritteln. Wenig leicht gesalzenes Wasser mit 1 Prise Zucker und 1 Stück Butter aufkochen lassen. Den Spargel darin zugedeckt bißfest dünsten.

2 Die Radieschen waschen, putzen und in Scheiben schneiden.

3 Aus dem Essig, 2 Eßlöffeln neutralem Öl, Pistazien- oder Walnußöl, Salz und Pfeffer eine Vinaigrette anrühren. Abschmecken, die Radieschen darin wenden.

4 Den Spargel abtropfen lassen und sofort in der Vinaigrette wenden.

5 Das Hähnchenbrustfilet kalt abwaschen und abtrocknen. In dünne Scheiben schneiden und in heißem Öl rundherum rasch goldbraun braten, dabei salzen und pfeffern.

6 Den Spargelsalat zusammen mit dem Hähnchenfilet auf Tellern anrichten, mit Kerbel bestreuen.

Zigoriesalat mit gebackenem Mozzarella

Zutaten für 4 Personen:

250 g Mozzarella
1 Ei
schwarzer Pfeffer aus der Mühle
etwa 75 g Semmelbrösel
1 kleine Zwiebel
1 Knoblauchzehe
2 EL Weinessig
Salz
6–8 EL Öl (und Öl zum Ausbacken)
200 g junger Zigorie (zarte Löwenzahnblätter)
100 g Kirschtomaten

1 Mozzarella in 8 Scheiben schneiden. Auf einem Teller das Ei verquirlen und mit Pfeffer würzen. Die Semmelbrösel auf einen zweiten Teller geben. Die Mozzarellascheiben zuerst im Ei, dann in Semmelbröseln wenden, die Brösel andrücken. Zugedeckt kalt stellen.

2 Die Zwiebel und den Knoblauch schälen und hacken, mit dem Essig, Salz und Pfeffer verquirlen. Dann das Öl gründlich unterschlagen.

3 Den Zigorie waschen, verlesen und gründlich trockenschleudern, nach Belieben zerzupfen. In dem Dressing wenden und auf Teller verteilen. Die Kirschtomaten waschen, halbieren oder vierteln und dazugeben.

4 Öl zum Ausbacken erhitzen. Die Mozzarellascheiben darin portionsweise rundherum goldbraun backen, aber nicht schmelzen lassen. Aus dem Öl heben und auf Küchenpapier gut abtropfen lassen, dann auf den Zigoriesalat geben und sofort servieren.

Radicchiosalat mit Parmesancreme

Zutaten für 4 Personen:

1 Bund Basilikum
2 Eier
2 EL Olivenöl
2 EL Weißweinessig
100 ml Milch
70 g frisch geriebener Parmesan
schwarzer Pfeffer aus der Mühle
2 Köpfe Radicchiosalat
4 EL geröstete Pignoli (Pinienkerne)

1 Für das Dressing das Basilikum waschen, abtrocknen und hacken.

2 In einem kleinen Topf die Eier mit Olivenöl, Weinessig und der Milch verquirlen. Die Mischung langsam und unter ständigem Rühren erhitzen, bis die Sauce cremig geworden ist. Den Topf vom Herd nehmen, den Parmesan unterrühren und schmelzen lassen.

3 Die Hälfte des Basilikums unter die Käsesauce rühren und diese mit Pfeffer abschmecken.

4 Den Radicchiosalat putzen, waschen und gut trockenschleudern, mundgerecht zerzupfen und auf Teller verteilen.

5 Das Parmesandressing leicht wieder erwärmen und über den Salat träufeln. Das restliche Basilikum und die gerösteten Pignoli aufstreuen.

Spargelsalat

Obstblüte bei Naturns im Burggrafenamt.

Spargelsuppe mit Basilikum

Zutaten für 4 Personen:

250 g weißer Spargel
250 g grüner Spargel
Salz
40 g Butter
Zucker
1 EL Mehl
weißer Pfeffer aus der Mühle
reichlich Basilikum
100 g Schlagrahm

1 Den Spargel waschen und putzen. Weiße Stangen ganz, grüne nur im unteren Drittel schälen. Den Spargel in 2–3 cm lange Stücke schneiden.

2 Spargelabschnitte und Spargelschalen in einen Topf geben, 1 l Wasser angießen. Mit etwas Salz, 1 Teelöffel Butter und etwas Zucker würzen. Etwa 20 Minuten zugedeckt köcheln lassen. Anschließend abseihen, die Brühe dabei auffangen.

3 Die restliche Butter in einem breiten Topf aufschäumen. Das Mehl darin goldgelb anschwitzen. Nach und nach die Spargelbrühe einrühren und die Suppe cremig kochen.

4 Die weißen Spargelstücke hineingeben, etwa 5 Minuten garen. Dann die grünen Spargelstücke dazugeben, alles weitere 5–8 Minuten leicht kochen lassen.

5 Die Suppe mit Salz und Pfeffer abschmecken. Feingeschnittenes Basilikum hineingeben. Den Rahm steif schlagen und unterheben, die Suppe sofort servieren.

Bärlauchsuppe

Zutaten für 4 Personen:

150 g Bärlauch
1 mittelgroße Zwiebel
250 g Kartoffeln (mehlig kochende Sorte)
1 EL Butter
$^3/_4$ l Brühe
100 g Schlagrahm
Salz
weißer Pfeffer aus der Mühle
2 feste Tomaten

1 Den Bärlauch gründlich waschen, abtrocknen und von den groben Stielen befreien. Die Blätter grob zerschneiden oder hacken. Die Zwiebel schälen und kleinwürfeln, die Kartoffeln schälen, waschen und ebenfalls kleinwürfeln.

2 Die Butter in einem Topf zerlassen, die Zwiebel glasig werden lassen. Den Bärlauch und die Kartoffeln einrühren und mit anschwitzen, dann mit der Brühe ablöschen. Zugedeckt etwa 15 Minuten bei schwacher Hitze köcheln lassen.

3 Die Suppe im Mixer pürieren und zurück in den Topf gießen. Den Rahm einrühren und die Suppe wieder aufkochen lassen, mit Salz und Pfeffer abschmecken. Nach Belieben mit einem Pürierstab ein wenig aufmixen.

4 Die Tomaten kleinwürfeln, dabei entkernen. Zum Servieren auf die Suppe streuen.

INFO

Bärlauch ist ein mit dem Knoblauch eng verwandtes Kraut. Er wächst im Frühjahr wild auf Waldlichtungen und verrät seinen Standort durch intensiven Knoblauchduft. Sie sollten an den Pflänzchen mit den länglichen grünen Blättern und den kleinen weißen Blüten auch unbedingt riechen, sie sind nämlich leicht mit den giftigen wilden Maiglöckchen zu verwechseln.

VARIANTEN

Wenn Sie keinen Bärlauch finden oder die Suppe zu einer anderen Jahreszeit zubereiten möchten, verwenden Sie einfach andere Wild- oder Küchenkräuter. Sie können dabei Mischungen verschiedener Kräuter oder aber nur eine Sorte nehmen.

Käsesuppe mit Kerbel

Zutaten für 4 Personen:

150 g würziger Käse (z. B. Bergkäse oder Fontina)
reichlich Kerbel
2 EL Butter
2 Knoblauchzehen
2 EL Mehl
$^1/_2$ l Brühe
$^1/_4$ l Milch
$^1/_8$ l trockener Weißwein
frisch geriebene Muskatnuß
schwarzer Pfeffer aus der Mühle
2 Eidotter

1 Den Käse fein reiben oder würfeln. Den Kerbel waschen, trockenschütteln und verlesen. Einige Blättchen zum Garnieren zurücklassen, die restlichen hacken.

2 Die Butter in einem Topf aufschäumen lassen. Den Knoblauch schälen und dazupressen, dann das Mehl darüberstäuben. Das Mehl goldgelb werden lassen, dann unter Rühren nach und nach die Brühe angießen.

3 Die Milch und den Wein dazugießen und die Suppe aufkochen und 5 Minuten bei schwacher Hitze köcheln lassen.

4 Die Hitze reduzieren und nach und nach den geriebenen Käse in der Suppe schmelzen lassen. Nicht mehr kochen lassen!

5 Den gehackten Kerbel unter die Suppe rühren und diese mit Muskat und Pfeffer abschmecken.

6 Die Eidotter in einer Tasse verquirlen, etwas Suppe unterrühren. Diese Mischung dann unter die übrige Käsesuppe rühren. Sofort, mit Kerbel garniert, servieren.

VARIANTE

Für eine etwas üppigere Suppe diese vor dem Servieren mit in Knoblauchbutter gerösteten Brotwürfelchen bestreuen.

Rucolasalat mit Fontina und Parmesan

Zutaten für 4 Personen:

4 EL Pignoli (Pinienkerne)
etwa 150 g Rucolasalat
75 g Fontinakäse
30 g Parmesankäse

Für das Dressing

1 kleine Zwiebel
3 EL Aceto balsamico
Salz
schwarzer Pfeffer aus der Mühle
8 EL Olivenöl

1 Die Pignoli in einer Pfanne ohne Fettzugabe goldbraun rösten. Beiseite stellen.

2 Den Rucolasalat putzen, verlesen, waschen und gründlich trockenschütteln. Eventuell mundgerecht zerzupfen.

3 Den Fontinakäse in dünne Scheiben und die Scheiben in Streifen schneiden.

4 Für das Dressing die Zwiebel schälen und fein würfeln, mit dem Aceto balsamico, Salz und Pfeffer gründlich verquirlen. Dann das Öl gründlich unterschlagen und das Dressing abschmecken.

5 Den Rucolasalat und den Fontinakäse in dem Dressing wenden und mit den Pignoli bestreuen. Den Parmesan darüberhobeln.

TIP

Gut schmeckt der Salat auch, wenn Sie für das Dressing je zur Hälfte Oliven- und Pignoliöl verwenden.

Spinatsalat mit Kräuternocken und Maisdressing

Zutaten für 4 Personen:

250 g zarter Blattspinat
100 g Kirschtomaten

Für die Kräuternocken

400 g Hähnchenbrustfilet (aus dem Kühlschrank)
1 Ei
1 Eidotter
75 g kalter Schlagrahm
Salz
weißer Pfeffer aus der Mühle
1 TL abgeriebene Zitronenschale (unbehandelt)
5 EL feingehackte, gemischte Kräuter

Für das Dressing

1 Zwiebel
1 kleine Knoblauchzehe
Salz
schwarzer Pfeffer aus der Mühle
2 EL Aceto balsamico
6 EL kaltgepreßtes Olivenöl
100 g gegarte Maiskörner

1 Für die Nocken das Hähnchenfilet kalt abwaschen, abtrocknen und grob würfeln. Zusammen mit dem Ei und dem Eidotter im Mixer fein zerkleinern. Den Rahm unterrühren und die Farce mit Salz, Pfeffer, Zitronenschale und den Kräutern würzen. Zugedeckt etwa 15 Minuten in das Tiefkühlgerät stellen.

2 Inzwischen den Blattspinat waschen und verlesen, gut trockenschütteln und nach Belieben etwas kleinschneiden.

3 Für das Dressing die Zwiebel und den Knoblauch schälen und fein würfeln, mit Salz, Pfeffer und Aceto balsamico verrühren, das Olivenöl unterschlagen. Den Mais untermischen und das Dressing abschmecken.

4 Für die Nocken in einem Topf Salzwasser zum Sieden bringen. Von der Kräuterfarce mit zwei Teelöffeln kleine Nocken abstechen und diese im siedenden Wasser gut 10 Minuten gar ziehen (nicht kochen!) lassen.

5 Die Kirschtomaten halbieren und zusammen mit dem Spinat in dem Dressing wenden, auf Teller verteilen. Die Nocken mit einem Schaumlöffel aus dem Wasser heben und gut abtropfen lassen, auf dem Spinatsalat anrichten und sofort servieren.

VARIANTE

Schneller geht's, wenn Sie für die Kräuternocken einen luftigen Grießbrei kochen und diesen mit gehackten Kräutern verfeinern. Mit nassen Löffeln Nocken davon abstechen und diese auf dem Salat anrichten.

Zucchinisalat mit gefüllten Blüten

Zutaten für 4 Personen:

4 mittelgroße Zucchiniblüten mit kleinen Zucchini
2 Schalotten
1 kleine Möhre
2 EL kaltgepreßtes Olivenöl
125 g Ricotta
Salz
schwarzer Pfeffer aus der Mühle
500 g kleine Zucchini
8 kleine Kirschtomaten

Für das Dressing

2 Schalotten
Salz
schwarzer Pfeffer aus der Mühle
3 EL milder Weißweinessig
6 EL kaltgepreßtes Olivenöl

1 Den Backofen auf 175 °C vorheizen. Die Zucchiniblüten gründlich ausschütteln. (Oft sitzen kleine Insekten darin.) Dann vorsichtig die Blütenstempel aus der Mitte herauszwicken.

2 Die Schalotten schälen und sehr fein würfeln. Die Möhre schälen und raspeln.

3 Das Olivenöl in einer Pfanne erhitzen, die Schalotten und die Möhrenraspel darin bei schwacher Hitze einige Minuten garen.

4 Die Ricotta mit der Schalotten-Möhren-Mischung verrühren, mit Salz und Pfeffer nicht zu kräftig abschmecken. Mit Hilfe eines Teelöffels vorsichtig in die Zucchiniblüten füllen, die Blütenblätter dann vorsichtig über der Füllung zusammendrehen. Die Blüten in eine Gratinform legen und im Ofen etwa 10 Minuten garen. Zwischendurch einmal wenden.

5 Inzwischen die Zucchini waschen und putzen. Einige dünne, schräge Scheiben abschneiden und auf vier Tellern arrangieren. Die übrigen Zucchini grob raspeln.

6 Für das Dressing die Schalotten schälen und würfeln, mit Salz, Pfeffer und dem Essig verquirlen, dann das Öl unterschlagen. Würzig abschmecken.

7 Die Zucchiniraspel in der Marinade wenden und auf den Zucchinischeiben anrichten. Die gefüllten Zucchiniblüten darauf legen, mit den Kirschtomaten garnieren. Bald servieren, die Zucchiniblüten schmecken warm am besten.

Bavette mit Kräutern und Ricotta

Zutaten für 4 Personen:

400 g Bavette
Salz
reichlich gemischte Kräuter (z. B. Sauerampfer, Löwenzahn, Borretsch, Basilikum)
1 große Zwiebel
4 EL Pignoli (Pinienkerne)
2 EL Olivenöl
1/4 l trockener Weißwein
400 g Ricotta
schwarzer Pfeffer aus der Mühle
1 EL Zitronensaft
4 kleine Tomaten

1 Die Nudeln nach der Packungsanleitung in reichlich kochendem Salzwasser al dente garen.

2 Gleichzeitig die Kräuter waschen, trockenschütteln, verlesen und grob hacken. Die Zwiebel schälen und fein würfeln.

3 In einer großen Pfanne die Pignoli goldbraun rösten. Herausnehmen und beiseite stellen.

4 Das Olivenöl in der Pfanne leicht erhitzen, die Zwiebelwürfel darin glasig werden lassen. Die Kräuter dazugeben und ganz kurz anschwitzen, dann mit dem Wein ablöschen. Ricotta dazugeben, kräftig mit der Weinsauce verrühren und diese mit Salz, Pfeffer und Zitronensaft abschmecken.

Bavette mit Kräutern und Ricotta

5 Die Nudeln in ein Sieb abgießen und sehr gut abtropfen lassen. In der Ricottasauce wenden oder zusammen mit dieser anrichten. Die Pignoli darüberstreuen, alles mit gehäuteten Tomatenachteln oder -würfeln garnieren.

INFO

Ob Bavette, Spaghetti oder Maccheroni – die langen Nudeln haben längst ihren Weg nach Südtirol gefunden. Inzwischen sind sie hier ebenso beliebt wie im Rest des Landes, und der Zubereitungsvielfalt sind keine Grenzen gesetzt. Wichtig bei allen Rezepten: Damit die Nudeln nicht zu weich garen, muß die Sauce rasch zubereitet werden. Oder aber erst die Sauce kochen und dann die Nudeln, die Sauce in diesem Fall nur kurz vor dem Servieren wieder erwärmen.

Spaghetti mit Fenchel und Lamm

Zutaten für 4 Personen:

400 g Lammschulter ohne Knochen
1 Zwiebel
2 EL Öl
2 Knoblauchzehen
4 EL Tomatenmark
Salz
schwarzer Pfeffer aus der Mühle
etwas Thymian
200 ml Lammfond
2 kleine Fenchelknollen
100 ml trockener Rotwein
400 g Spaghetti

1 Das Lammfleisch kalt abwaschen, abtrocknen und in kleine Würfel schneiden. Die Zwiebel schälen und würfeln.

2 Das Öl in einer Pfanne erhitzen, das Lammfleisch darin rundherum scharf anbraten. Die Hitze reduzieren, die Zwiebelwürfel mit anbraten. Den Knoblauch schälen und dazupressen, dann auch das Tomatenmark einrühren. Alles mit Salz, Pfeffer und Thymian würzen, kurz anrösten und mit dem Lammfond ablöschen. Das Fleisch zugedeckt 10 Minuten bei schwacher Hitze köcheln lassen.

3 Die Fenchelknollen waschen und putzen, ohne den harten Strunk in feine Streifen schneiden. Das zarte Fenchelgrün zum Garnieren beiseite legen.

4 Die Spaghetti in reichlich kochendem Salzwasser nach der Packungsanleitung al dente garen.

5 Den Fenchel und den Wein zum Lammfleisch geben und alles offen bei etwas stärkerer Hitze noch 5–10 Minuten kochen lassen.

6 Die Spaghetti in einem Sieb gut abtropfen lassen und auf Teller verteilen. Die Sauce abschmecken und darübergeben, mit dem Fenchelgrün bestreuen.

Kerbelrisotto

Zutaten für 4 Personen:

1 Zwiebel
50 g Butter
3 EL Olivenöl
250 g Risottoreis
1/8 l trockener Weißwein
1/2 l Brühe
Salz
schwarzer Pfeffer aus der Mühle
200 g Rucola oder Spinat
reichlich frischer Kerbel
75 g Pignoli (Pinienkerne)
3–4 EL frisch geriebener Pecorino

1 Die Zwiebel schälen und kleinwürfeln. In einem Topf die Butter und das Öl erhitzen, die Zwiebelwürfel darin glasig werden lassen. Den Reis einrühren, bis die Körnchen von einem Fettfilm überzogen sind.

2 Nach und nach zuerst den Wein, später die Brühe zum Reis gießen. Dabei sollte der Reis die Flüssigkeit stets aufgenommen haben, bevor die nächste dazugegossen wird. Salzen und pfeffern.

3 Inzwischen den Rucola oder den Spinat waschen und verlesen, grob hacken. Den Kerbel kurz waschen, trockenschütteln und hacken. Die Pignoli in einer trockenen Pfanne goldbraun rösten.

4 Den Rucola oder den Spinat und den Kerbel unter den fast fertigen Reis rühren, alles noch einige Minuten bei schwacher Hitze garen.

5 Den Reis abschmecken, mit Pignoli und Pecorino bestreut servieren.

INFO

Kerbel ist ein typisches Frühlings-Küchenkraut, und ein ganz besonders feines noch dazu. Die hellgrünen, gefiederten Blättchen ähneln ein wenig glatter Petersilie, sie sind jedoch wesentlich zarter und haben ein ausgeprägteres Aroma mit leichtem Anklang an Fenchel und Anis. Da es Kerbel nicht immer zu kaufen gibt, lohnt sich die Aufzucht im eigenen Garten. Auch das Einfrieren ist durchaus lohnend.

Topfennocken mit Tomatencreme

Zutaten für 4 Personen:

Für die Topfennocken

250 g Topfen
1 EL weiche Butter
2 Eier
Salz
weißer Pfeffer aus der Mühle
40 g Mehl
50 g Semmelbrösel
2 EL Schnittlauchröllchen

Für die Tomatencreme

1 Zwiebel
1 EL Butter
1 Knoblauchzehe
750 g Tomaten
Salz
schwarzer Pfeffer aus der Mühle
1 Thymianzweig
100 g Mascarpone

Zum Bestreuen

Thymianblättchen und Schnittlauchröllchen
2 EL fein geriebener Parmesan

1 Für die Topfennocken den Topfen in einem Sieb gut abtropfen lassen. Ihn dann mit der Butter, den Eiern, Salz, Pfeffer, Mehl und den Semmelbröseln glattrühren. Zugedeckt mindestens 30 Minuten ruhen lassen.

2 Inzwischen für die Tomatencreme die Zwiebel schälen und würfeln. Die Butter in einem Topf aufschäumen lassen, die Zwiebelwürfel darin leicht anrösten. Den Knoblauch schälen und dazupressen.

3 Die Tomaten waschen, grob würfeln und zu den Zwiebelwürfeln geben. Alles mit Salz, Pfeffer und dem Thymian würzen und zugedeckt bei schwacher Hitze 30 Minuten köcheln lassen.

4 Die Schnittlauchröllchen unter die Topfenmasse rühren. In einem breiten Topf reichlich Salzwasser aufkochen lassen, die Hitze dann so weit reduzieren, daß das Wasser gerade eben siedet. Von der Topfenmasse längliche Nocken abstechen und diese in dem siedenden Wasser etwa 15 Minuten ziehen lassen.

5 Die Tomaten durch ein Sieb streichen. Mascarpone dazugeben und alles wieder aufkochen lassen, offen bei starker Hitze noch 5 Minuten kochen lassen.

6 Die Tomatensauce mit Salz und Pfeffer abschmecken und auf Teller geben. Die Topfennocken abtropfen lassen und auf der Tomatencreme anrichten, mit Thymianblättchen und Schnittlauchröllchen sowie mit Parmesan bestreuen.

Kasnocken mit Zucchinisauce

Zutaten für 4 Personen:

Für die Kasnocken

200 g altbackenes Weißbrot
175 ml lauwarme Milch
1 kleine Zwiebel
1 EL Butter
200 g Schnittkäse (z. B. Emmentaler)
1/2 Bund Petersilie
2 TL Mehl
2 kleine Eier
Salz
schwarzer Pfeffer aus der Mühle
frisch geriebene Muskatnuß

Für die Zucchinisauce

300 g Zucchini
1 Zwiebel
1 EL Butter
1 Knoblauchzehe
1 EL Mehl
1/8 l Brühe
1/8 l trockener Weißwein
100 g Schlagrahm
Salz
schwarzer Pfeffer aus der Mühle

1 Für die Kasnocken das Weißbrot in sehr kleine Würfel schneiden und in einer Schüssel mit der Milch übergießen. 15 Minuten quellen lassen.

2 Die Zwiebel schälen und kleinwürfeln. Die Butter erhitzen, die Zwiebelwürfel darin glasig werden lassen. Vom Herd nehmen.

3 Den Käse raspeln. Die Petersilie waschen, abtrocknen und hacken. Beides zusammen mit den Zwiebeln, dem Mehl und den Eiern zum Weißbrot geben. Mit Salz, Pfeffer und Muskat würzen und gründlich vermengen.

4 Für die Zucchinisauce die Zucchini waschen, putzen und grob würfeln. Die Zwiebel schälen und würfeln. Die Butter in einem Topf erhitzen, die Zwiebelwürfel darin glasig werden lassen. Den Knoblauch schälen und dazupressen, die Zucchiniwürfel mit anschwitzen. Mit dem Mehl bestäuben, dann mit der Brühe und dem Wein ablöschen. Zugedeckt 20 Minuten leicht köcheln lassen.

5 Aus der Käsemasse mit feuchten Händen Nocken formen und diese in reichlich siedendes (nicht kochendes!) Salzwasser legen. Bei schwacher Hitze etwa 15 Minuten ziehen lassen.

6 Die Zucchini pürieren und die Sauce wieder aufkochen lassen. Den Rahm unterrühren und die Sauce mit Salz und Pfeffer abschmecken.

7 Die Nocken abtropfen lassen und auf der Zucchinisauce anrichten.

WICHTIGER HINWEIS

Unbedingt zuerst ein Probeknödelchen garen. So können Sie prüfen, ob die Masse zusammenhält oder zerfällt. Ist sie zu weich, noch etwas Mehl untermengen.

Forellenfilets mit Basilikumschaum

Zutaten für 4 Personen:

8 Forellenfilets
Zitronensaft
Salz, weißer Pfeffer
75 g Schalotten
2 EL Butter
2 TL Mehl
1/4 l Fischfond oder Gemüsebrühe
reichlich Basilikum
5 EL geschlagener Rahm

1 Die Forellenfilets kalt abwaschen und abtrocknen. Mit Zitronensaft beträufeln, salzen und pfeffern.

2 Die Schalotten schälen und würfeln. In einer Pfanne 1 Eßlöffel Butter zerlassen, die Schalotten darin glasig werden lassen. Das Mehl darüberstäuben und kurz anschwitzen, dann unter Rühren mit dem Fond ablöschen. Einige Minuten cremig einkochen lassen.

3 Die restliche Butter in einer zweiten Pfanne aufschäumen lassen. Die Forellenfilets darin bei schwacher Hitze von jeder Seite 2–3 Minuten garen.

4 Das Basilikum waschen, abtrocknen und hacken.

5 Die Sauce nach Belieben pürieren. Wieder aufkochen lassen, das gehackte Basilikum einrühren und den geschlagenen Rahm unterheben. Die Sauce abschmecken und auf Teller geben, die Forellenfilets darauf anrichten.

Spargel mit Bozner Sauce

Zutaten für 4 Personen:

Für den Spargel
2 kg Spargel
Salz
1 EL Zucker
2 EL Butter

Für die Sauce
4 Eier
1 TL Zitronensaft
1 TL mittelscharfer Senf
1/8 l Öl
1/2 Bund Schnittlauch
4 Zweige Petersilie
2 EL Weinessig
Salz
schwarzer Pfeffer aus der Mühle

1 Den Spargel waschen, putzen und sorgfältig schälen. In 4 Portionen teilen und zu Bündeln zusammenbinden. In einem hohen Topf etwas Salzwasser aufkochen lassen, den Zucker und die Butter hineingeben. Die Spargelbündel mit den Köpfen nach oben hineinstellen und den Spargel fest zugedeckt in 10–20 Minuten (je nach Dicke der Stangen) bißfest garen.

2 Gleichzeitig für die Sauce die Eier anstechen und in etwa 8 Minuten in kochendem Wasser hart kochen. Abschrecken und schälen.

3 Die Eidotter herauslösen und durch ein Sieb streichen, mit dem Zitronensaft und dem Senf glattrühren. Nach und nach das Öl gründlich darunterschlagen. Die Kräuter waschen, abtrocknen und hacken, mit dem Essig unter die Mayonnaise rühren. Mit Salz und Pfeffer abschmecken. Zuletzt das Eiweiß grob hacken und untermischen.

4 Den Spargel gut abtropfen lassen, zusammen mit der Sauce servieren.

TIP

Für eine etwas leichtere Sauce nur 75 ml Öl, dafür zusätzlich 100 g Topfen oder Joghurt verwenden.

SERVIERVORSCHLAG

Den Spargel mit der Sauce als Vorspeise reichen. Ergänzt durch gebratene Kalbs- oder Hähnchenschnitzel und neue Kartoffeln, wird ein leichtes, frühlingshaftes Hauptgericht daraus.

Spargelkuchen mit Pignoli

Zutaten für 4–6 Personen:

500 g grüner oder zarter weißer Spargel
Salz
1 EL Butter
1 TL Zucker
300 g Blätterteig
Mehl zum Ausrollen
3 Eier
1/4 l Milch
3 EL gehackte Petersilie
100 g geriebener Käse (z. B. mittelalter Gouda oder Bergkäse)
weißer Pfeffer aus der Mühle
50 g Pignoli (Pinienkerne)

1 Den Spargel waschen und putzen, schälen und in Stücke schneiden. Etwas Wasser mit Salz, Butter und Zucker aufkochen lassen, den Spargel darin fest zugedeckt gerade eben gar dünsten. Nicht zu weich werden lassen!

2 Den Spargel in ein Sieb abgießen und sehr gut abtropfen lassen.

3 Den Backofen auf 225 °C vorheizen. Den Blätterteig auf leicht bemehlter Fläche dünn ausrollen, eine 26–28 cm große Tarte- oder Pizzaform auskleiden. Überstehenden Teig abschneiden.

4 Die Eier mit der Milch, der Petersilie und dem Käse verquirlen, mit Pfeffer würzen. Zwei Drittel davon auf den Blätterteig gießen. Die Spargelstangen darauf geben, die restliche Eier-Käse-Milch darübergießen. Pignoli aufstreuen und den Kuchen im Ofen in etwa 30 Minuten goldbraun backen.

TIP

Auch für eine größere Zahl an Gästen läßt sich solch ein Spargelkuchen bestens zubereiten. Dann am besten die Mengen reichlich verdoppeln und mit dem Teig ein tiefes Backblech auskleiden. Den Spargel können Sie frühzeitig garen, die Eier-Käse-Milch können Sie im voraus anrühren, und auch das Blech können Sie bereits mit dem Teig auskleiden. Belegen sollten Sie ihn aber erst kurz vor dem Backen, damit er nicht aufweicht.

Spargelkuchen mit Pignoli

Frühling

Leichtes Herrengröstl mit Kräutern

Zutaten für 4 Personen:

1 kg sehr kleine neue Kartoffeln (festkochende Sorte)
4 EL Öl
Salz
schwarzer Pfeffer aus der Mühle
1 Bund Frühlingszwiebeln
400 g Kalbsschnitzel
reichlich gehackte Kräuter (z. B. Petersilie, Kresse, Schnittlauch)

1 Die Kartoffeln gründlich waschen und abbürsten. 2 Eßlöffel Öl in einer schweren Pfanne erhitzen, die Kartoffeln darin rundherum anbraten. Die Hitze reduzieren, die Kartoffeln mit Salz und Pfeffer würzen und zugedeckt etwa 30 Minuten braten. Zwischendurch die Pfanne mehrmals kräftig rütteln.

2 Inzwischen die Frühlingszwiebeln waschen, putzen und in 3 cm lange Stücke schneiden.

3 Das Kalbsschnitzel waschen, abtrocknen und in dünne Scheiben schneiden. Das restliche Öl in einer zweiten Pfanne erhitzen, das Fleisch und die Zwiebeln darin kurz anbraten.

4 Fleisch, Zwiebeln und die Kräuter zu den Kartoffeln geben. Alles vermischen und noch kurz braten, dann sofort servieren.

Gebratene Lammkeule mit Gemüse

Zutaten für 4 Personen:

750 g kleine neue Kartoffeln
250 g Schalotten
1 kleine Lammkeule (etwa 1,4 kg)
Salz
schwarzer Pfeffer aus der Mühle
4 Knoblauchzehen
5 EL Öl
¼ l trockener Rotwein
500 g Zucchini
500 g Auberginen
reichlich frischer Thymian
500 g Tomaten

1 Den Backofen auf 250 °C vorheizen. Die Kartoffeln waschen und nach Belieben schälen. Die Schalotten schälen.

2 Die Lammkeule waschen, abtrocknen und rundherum mit Salz und Pfeffer einreiben. Den Knoblauch schälen und stifteln, an mehreren Stellen in das Fleisch stecken.

3 Das Öl auf einem Backblech verstreichen. Die Lammkeule darauf legen, im Ofen etwa 15 Minuten braten.

4 Die Hitze auf 175 °C reduzieren. Die Kartoffeln und die Schalotten auf dem Backblech verteilen. Etwas Wein angießen, alles im Ofen etwa 45 Minuten schmoren. Zwischendurch nach und nach den Wein und eventuell noch etwas Wasser oder Brühe angießen.

5 Inzwischen die Zucchini und die Auberginen waschen, putzen und grob würfeln. Zusammen mit dem Thymian auf das Blech geben, mit der Kartoffel-Schalotten-Mischung vermengen und kräftig würzen. Alles noch etwa 30 Minuten garen.

6 Die Tomaten einritzen, überbrühen und häuten, dann in Würfel schneiden. Zum Gemüse auf das Blech geben und noch kurz mit erhitzen. Das Gemüse abschmecken und zusammen mit der Lammkeule servieren.

TIP

Fleisch, Kartoffeln und Gemüse werden hier zusammen auf dem Blech im Ofen gegart. Sie benötigen nur wenig Geschirr, zudem brät alles fast von allein, Sie haben nur wenig Arbeit. Ein ideales Essen somit für die Gästebewirtung.

Gefüllte Kalbsbrust

Zutaten für 6–8 Personen:

1,5 kg Kalbsbrust ohne Knochen
Salz
schwarzer Pfeffer aus der Mühle
2 EL Öl
¼ l Brühe
150 ml trockener Weißwein
150 g Sauerrahm
1 TL Mehl

Für die Füllung

1 Bund Frühlingszwiebeln
400 g junge gelbe Rüben
2 Stangen Sellerie
2 EL Butter
1 Knoblauchzehe
125 g Gerstenkörner
300 ml Brühe
4 EL geriebener Parmesan
Salz
schwarzer Pfeffer aus der Mühle

Bergfrühling im Obervinschgau.

1 Für die Füllung die Frühlingszwiebeln, die gelben Rüben und den Sellerie waschen, das Gemüse in kleine Würfel schneiden. Die Butter in einem Topf aufschäumen lassen, das Gemüse darin leicht anschwitzen. Den Knoblauch schälen und dazupressen, dann die Gerstenkörner dazugeben. Mit der Brühe ablöschen und die Körner fest zugedeckt bei schwacher Hitze in etwa 15 Minuten garen. Eventuell noch etwas Brühe oder Wasser nachgießen.

2 Den Parmesan unter die Körner-Gemüse-Mischung rühren und diese mit Salz und Pfeffer abschmecken. Etwas abkühlen lassen.

3 Den Backofen auf 200 °C vorheizen. Die Kalbsbrust waschen und abtrocknen. Mit einem scharfen Messer eine große Tasche hineinschneiden, dabei das Fleisch aber nicht durchschneiden. Den Braten innen und außen mit Salz und Pfeffer einreiben.

4 Die Füllung in den Braten geben, den Braten mit Holzspießchen und Küchengarn verschließen.

5 Das Öl in einem Schmortopf auf dem Herd erhitzen. Die gefüllte Kalbsbrust darin rundherum anbraten. Den Schmortopf in den Ofen stellen und das Fleisch etwa 30 Minuten braten.

6 Die Brühe und den Weißwein in den Schmortopf gießen, die Kalbsbrust weitere 50 Minuten braten.

7 Das Fleisch aus dem Schmortopf nehmen und im ausgeschalteten Ofen 20 Minuten ruhen lassen. Inzwischen den Bratenfond in einen Topf umgießen, dabei den Bratensatz lösen. Den Fond auf dem Herd aufkochen lassen. Den Sauerrahm mit dem Mehl verquirlen, unter den Bratenfond ziehen und alles noch einmal aufkochen lassen. Die Sauce abschmecken und mit der in Scheiben geschnittenen Kalbsbrust servieren.

Weinschaumcreme mit Erdbeeren

Zutaten für 4 Personen:

250 g Erdbeeren
1 unbehandelte Zitrone
4 EL Staubzucker
3 frische Eidotter
1/8 l Vino Santo
einige Amaretti zum Garnieren

1 Die Erdbeeren waschen, putzen und kleinschneiden. Die Zitrone heiß abwaschen, die Schale fein abreiben und den Saft auspressen. Beides mit 1 Eßlöffel Staubzucker verquirlen und die Erdbeeren darin wenden.

2 In einer Wasserbadschüssel die Eidotter mit 3 Eßlöffeln Staubzucker verquirlen. Über einem warmen Wasserbad hell-cremig aufschlagen.

3 Nach und nach den Vino Santo zur Eidottercreme geben und alles ausgiebig zu einem dick-cremigen Schaum aufschlagen.

4 Die Weinschaumcreme zusammen mit den Erdbeeren anrichten, mit Amaretti garnieren.

TIP

Statt Vino Santo können Sie auch Marsala, Sherry oder Portwein verwenden. Für eine alkoholfreie Variante eignet sich beispielsweise Espresso.

Topfennocken mit Rhabarber (oben), Rhabarber-Joghurt-Creme (unten)

Rhabarber-Joghurt-Creme

Zutaten für 4 Personen:

6 Blatt weiße Gelatine
600 g Rhabarber
50 ml Wasser
3 EL Zucker
150 g Joghurt
1/2 TL gemahlene Vanille
200 g Schlagrahm
Erdbeeren und Erdbeerpüree zum Garnieren

1 Die Gelatine nach der Packungsbeschreibung in reichlich kaltem Wasser einweichen.

2 Den Rhabarber waschen und gründlich schälen, in kleine Stücke schneiden und zusammen mit dem Wasser und dem Zucker in einen Topf geben. Zugedeckt köcheln lassen, bis der Rhabarber weich ist.

3 Einige Rhabarberstücke zum Garnieren beiseite legen. Den restlichen Rhabarber durchrühren, die Gelatine darin auflösen. Etwas abkühlen lassen, dann den Joghurt und die Vanille unterrühren.

4 Sobald der Rhabarber zu gelieren beginnt, den Rahm steif schlagen und unterheben. Die Creme zugedeckt mindestens 2 Stunden kalt stellen und gelieren lassen. Mit Rhabarberstücken, Erdbeeren und mit Erdbeerpüree garniert anrichten.

Topfennocken mit Rhabarber

Zutaten für 4–6 Personen:

Für die Nocken

250 g Topfen (Quark)
1 EL weiche Butter
2 kleine Eier
Salz
2–3 EL Mehl
4–5 EL Semmelbrösel
2 EL Staubzucker
Minze zum Garnieren

Für das Kompott

350 g Rhabarber
3 EL Himbeersirup
2 EL Zucker

1 Den Topfen in einem Sieb gut abtropfen lassen. Mit der Butter, den Eiern, einer Prise Salz, Mehl, Semmelbröseln und dem Staubzucker glattrühren. Zugedeckt mindestens 30 Minuten ruhen lassen.

2 Inzwischen den Rhabarber putzen und kleinschneiden. Mit dem Sirup und dem Zucker in einen Topf geben, zugedeckt 5 Minuten leicht köcheln lassen. Abkühlen lassen.

3 Leicht gesalzenes Wasser in einem breiten Topf aufkochen lassen. Die Hitze reduzieren, bis das Wasser gerade eben siedet. Aus dem Topfenteig mit 2 Eßlöffeln etwa 8 Nocken formen, im Wasser etwa 15 Minuten ziehen lassen.

4 Die fertigen Nocken mit einer Schaumkelle aus dem Wasser heben und gut abtropfen lassen, mit dem Rhabarber servieren. Mit Minzeblättchen garnieren.

Rhabarberstrudel

Zutaten für 8–10 Personen:

Für den Teig

250 g Mehl
1 Ei
1 Prise Salz
2 EL Öl

Für die Füllung

1 kg Rhabarber
4 EL Himbeersirup
500 g Topfen
4 Eier (getrennt)
75 g Zucker
Mehl zum Ausziehen
75 g zerlassene Butter
50 g gehackte Mandeln

Außerdem

1 Eidotter zum Bestreichen
Staubzucker zum Bestreuen

1 Für den Teig das Mehl sieben, mit dem Ei, Salz, Öl und etwa 100 ml Wasser vermengen. Auf der Arbeitsfläche ausgiebig durchkneten, bis ein glatter, geschmeidiger Teig entstanden ist. Den Teig, in Klarsichtfolie gewickelt oder unter einem feuchten Tuch, mindestens 30 Minuten ruhen lassen.

2 Inzwischen den Rhabarber putzen, waschen und in kleine Stücke schneiden. Mit dem Himbeersirup und ganz wenig Wasser in einen breiten Topf geben, zugedeckt einige Minuten weich dünsten. Er soll aber nicht zerfallen. Abkühlen lassen.

3 Den Topfen mit den Eidottern und dem Zucker glattrühren. Den Rhabarber abtropfen lassen und vorsichtig untermengen. Das Eiweiß steif schlagen und unterheben.

4 Den Backofen auf 200 °C vorheizen. Den Strudelteig auf einer leicht bemehlten Fläche dünn ausrollen, dann auf einem Küchentuch hauchdünn ausziehen. Mit zerlassener Butter bestreichen, die gehackten Mandeln aufstreuen.

5 Die Rhabarbermischung darauf verteilen, überall einen Rand frei lassen. Den Strudel aufrollen, dabei die Seiten nach innen einschlagen.

6 Den Strudel auf ein mit Backpapier belegtes Blech heben, mit verquirltem Eidotter bestreichen und in 35–45 Minuten goldbraun backen. Mit Staubzucker bestreuen.

SERVIERTIP

Dazu paßt eine cremige Vanillesauce ebenso wie ein dickes Püree aus frischen Erdbeeren, aromatisiert mit etwas Zitronenschale und Vanille.

Panna cotta mit Erdbeeren und Erdbeermark

Zutaten für 4 Personen:

1 Vanilleschote
500 g Schlagrahm
2 EL Zucker
3 Blatt weiße Gelatine
500 g Erdbeeren
100 g Himbeeren
2 EL Staubzucker
1 EL Grappa
3 EL gehackte Pistazienkerne

1 Die Vanilleschote längs aufschlitzen, das Mark auskratzen. Beides mit dem Rahm und dem Zucker in einem Topf verrühren. Aufkochen lassen, dann 15–20 Minuten bei schwacher Hitze leicht köcheln lassen.

2 Inzwischen die Gelatine nach der Packungsbeschreibung in reichlich kaltem Wasser einweichen.

3 Die Vanilleschote aus dem Rahm nehmen. Die Gelatine ausdrücken, in dem heißen Rahm auflösen. In 4 kleine Förmchen gießen und darin zugedeckt in mindestens 3 Stunden (oder über Nacht) im Kühlschrank erstarren lassen.

4 Die Erdbeeren und die Himbeeren kurz waschen und verlesen. Einige Früchte zum Garnieren zurücklassen. Die übrigen Erdbeeren pürieren, das Püree mit Staubzucker süßen und mit Grappa abschmecken.

5 Das Erdbeerpüree auf Teller verteilen. Panna cotta aus den Förmchen stürzen und auf dem Püree anrichten, mit den beiseite gelegten Beeren und Pistazienkernen garnieren.

TIP

Zum Stürzen die Förmchen kurz in warmes Wasser stellen und zusätzlich mit einem spitzen Messer innen am Rand des Gelees entlangfahren.

Panna cotta

Espresso-Cappuccino-Gelee

Zutaten für 4 Personen:

Für das Gelee

6 Blatt weiße Gelatine
1/4 l heißer, starker Espresso
3 EL Staubzucker
200 g Schlagrahm

Für die Sauce

100 g Schlagrahm
2 EL Staubzucker
4 EL Amaretto

Zum Garnieren

8 Amaretti
4 EL geröstete Mandelblättchen

1 Für das Gelee einmal 2 Blatt und einmal 4 Blatt Gelatine nach der Packungsbeschreibung in reichlich kaltem Wasser einweichen.

2 Den Espresso mit dem Staubzucker verquirlen. 150 ml Espresso abmessen, die 2 Blatt Gelatine darin auflösen.

3 Die 4 Blatt Gelatine in dem restlichen Espresso auflösen, dann den Rahm unterrühren. Leicht schaumig rühren.

4 Die beiden Espressomischungen abwechselnd in hohe Kelchgläser schichten, dazwischen jede Schicht gelieren lassen, bevor die nächste darauf kommt. Dabei mit einer dunklen Espressoschicht abschließen.

5 Zum Servieren für die Sauce den Rahm leicht cremig schlagen (nicht steif schlagen), mit Staubzucker und Amaretto aromatisieren. Auf die Desserts geben und diese mit Amaretti und Mandelblättchen krönen.

SERVIERTIP

Hübsch anrichten können Sie das Dessert auch, wenn Sie die Geleeschichten in einer kleinen Kasten- oder Gugelhupfform gelieren lassen. Zum Servieren dann das Gelee stürzen und in Scheiben schneiden, auf der Sauce umgießen.

Erdbeertörtchen

Zutaten für 12 Personen:

Für den Mürbeteig

170 g kalte Butter
75 g Staubzucker
1 Prise Salz
2 Eidotter
250 g Mehl

Für die Vanillecreme

1 Vanilleschote
200 ml Milch
1 EL Speisestärke
50 g Schlagrahm
2 EL Zucker
1 Eidotter

Zum Füllen und Belegen

150 g Bitterschokolade
3 Blatt weiße Gelatine
1/4 l fruchtiger Weißwein
750–1000 g kleine Erdbeeren

1 Für den Mürbeteig die Zutaten rasch verkneten. Den Teig zugedeckt mindestens 2 Stunden kalt stellen.

2 Den Backofen auf 160 °C vorheizen. 12 Tortelett-Förmchen fetten.

3 Den Teig auf leicht bemehlter Fläche oder zwischen zwei Lagen Klarsichtfolie dünn ausrollen, die Förmchen damit auskleiden. Überstehenden Teig abschneiden. Den Teig gut andrücken und mehrmals mit einer Gabel einstechen. Die Törtchen im Ofen etwa 20 Minuten backen, dann auskühlen lassen.

4 Für die Vanillecreme die Vanilleschote längs aufschlitzen, das Mark herauskratzen. Schote und Mark zusammen mit der Milch zum Kochen bringen, dann einige Minuten ziehen lassen.

5 Die Speisestärke mit dem Rahm und Zucker verquirlen. Zur heißen Vanillemilch gießen und alles dicklich kochen. Den Topf von der Herdplatte nehmen und das Eidotter gründlich unter die Vanillecreme rühren.

6 Die Schokolade hacken und schmelzen lassen. Mit einem Pinsel in die ausgekühlten Mürbeteigtörtchen streichen. Fest werden lassen, dann die noch warme Vanillecreme einfüllen und diese erkalten lassen.

7 Die Gelatine nach der Packungsbeschreibung in kaltem Wasser einweichen. Den Wein erhitzen, die Gelatine darin auflösen. Abkühlen lassen, bis der Wein leicht zu gelieren beginnt.

8 Die Erdbeeren waschen und putzen, dekorativ auf die Vanillecreme in den Törtchen setzen. Das Weingelee darüberlöffeln und fest werden lassen.

Erdbeercreme

Zutaten für 4–6 Personen:

250 g Erdbeeren
1 unbehandelte Zitrone (Saft und abgeriebene Schale)
3 EL Zucker
6 Blatt weiße Gelatine
2 kleine Eier (getrennt)
150 g Sauerrahm
2 EL Orangenlikör

Zum Garnieren

100 g Schlagrahm
Erdbeeren

1 Die Erdbeeren waschen und gut abtropfen lassen, dann putzen und kleinschneiden. Mit Zitronensaft, Zitronenschale und 1 Eßlöffel Zucker mischen.

2 Die Gelatine nach der Packungsbeschreibung in reichlich kaltem Wasser einweichen.

3 Die Eidotter mit 2 Eßlöffeln Zucker und 2 Eßlöffeln heißem Wasser in einer Schüssel über einem warmen Wasserbad hell-cremig aufschlagen. Vom Wasserbad nehmen, Sauerrahm und Orangenlikör unterrühren.

4 Die Erdbeeren pürieren und durch ein Sieb streichen, das Püree unter die Eiercreme rühren. Die Gelatine leicht ausdrücken, im warmen Wasserbad schmelzen lassen und tropfenweise unter die Creme rühren. Das Eiweiß steif schlagen und unterheben.

5 Die Creme in Dessertschälchen verteilen und zugedeckt im Kühlschrank gelieren lassen. Mit Rahmtupfen und Erdbeeren verzieren.

Maibowle mit Erdbeeren

Zutaten für 6–8 Personen:

1 kleines Sträußchen Waldmeister (ohne Blüten!)
100 g Staubzucker
2 Flaschen spritziger, trockener Weißwein (gut gekühlt)
250 g kleine Erdbeeren
1 Flasche trockener Sekt (gut gekühlt)

1 Den Waldmeister kurz abbrausen, wieder abtrocknen, zum Sträußchen binden und möglichst einige Stunden leicht welken und trocknen lassen. (Er wird dadurch aromatischer.)

2 Den Waldmeister in das Bowlengefäß geben, den Staubzucker darübersieben. Eine Flasche Wein angießen. Den Waldmeister etwa 20 Minuten (nicht länger!) in dem Wein ziehen lassen, dann herausnehmen.

3 Die Erdbeeren waschen und putzen, in Scheiben schneiden und in die Bowle geben. Den übrigen Wein angießen, kurz vor dem Servieren den Sekt dazugießen.

Sommer

Frisches in Hülle und Fülle reift in den Gärten, wird auf den Märkten angeboten: Kräuter in allen nur denkbaren Geschmacksrichtungen, knackige Salate in vielfältigen Formen, leuchtende Tomaten und Paprika, aromatische Himbeeren, Johannisbeeren und Stachelbeeren. Minestrone und Gemüsesalat, Zucchinipuffer und Tomatenrisotto, Schlutzkrapfen und kräuterwürziges Hähnchen, Ricottaplätzchen und Marillenknödel – lassen Sie sich verführen!

Bunter Sommersalat mit Hähnchen und Oliven

Zutaten für 4 Personen:

1 rote Paprikaschote
1 gelbe Paprikaschote
je einige Blätter Lollo rosso, Lollo bianco und Radicchio
300 g Hähnchenfilet
1 EL Olivenöl
Salz
schwarzer Pfeffer aus der Mühle
50 g schwarze Oliven

Für das Dressing

1 kleine Zwiebel
2 Knoblauchzehen
30 g schwarze Oliven
1 EL Thymianblättchen
Salz
schwarzer Pfeffer aus der Mühle
2 EL Aceto balsamico
5 EL Olivenöl

1 Für das Dressing die Zwiebel und den Knoblauch schälen und fein hacken. Die Oliven entsteinen und ebenfalls hacken. Alles mit Thymian, Salz, Pfeffer und dem Aceto balsamico verquirlen, das Olivenöl darunterschlagen. Das Dressing abschmecken.

2 Die Paprikaschoten halbieren, von Stielansätzen, Trennhäutchen und Kernen befreien und waschen, dann in schmale Streifen schneiden.

3 Die Salatblätter putzen und waschen, trockenschütteln und mundgerecht zerzupfen.

4 Das Hähnchenfleisch kalt abwaschen, abtrocknen und in feine Scheiben schneiden. Das Öl in einer Pfanne erhitzen, die Hähnchenstreifen darin rundherum goldbraun braten. Mit Salz und Pfeffer würzen.

5 Die Paprikastreifen und die Salatblätter in dem Olivendressing wenden und auf Tellern anrichten, das Hähnchenfleisch dazugeben. Die ganzen Oliven darüberstreuen.

TIP

Der Salat schmeckt als Vorspeise ebenso wie als leichtes Sommermahl am Mittag oder am Abend. Statt des Hähnchenfleisches können Sie natürlich auch andere Fleischsorten verwenden, und auch bei den Salatsorten haben Sie freie Wahl. Verwenden Sie das, was Sie gerade frisch auf dem Markt bekommen oder was gerade in Ihrem Garten zur Verfügung steht.

Bunter Sommersalat mit Hähnchen und Oliven

Gemüsesalat mit Petersiliendressing

Zutaten für 4 Personen:

50 g Pignoli (Pinienkerne)
1 Bund Radieschen
½ Salatgurke
2 kleine gelbe Rüben
1 grüne Paprikaschote

Für das Dressing

1 Zitrone
1 Bund glatte Petersilie
Salz
schwarzer Pfeffer aus der Mühle
6 EL Olivenöl

1 Die Pignoli in einer trockenen Pfanne ohne Fettzugabe goldbraun rösten. Beiseite stellen.

2 Das Gemüse waschen. Die Radieschen putzen und in dünne Scheiben schneiden. Die Salatgurke schälen, längs halbieren und die Hälften in ½ cm dicke Scheiben schneiden. Die gelben Rüben schälen und in sehr dünne Scheiben schneiden. Die Paprika entkernen, putzen und in feine Streifen schneiden.

3 Für das Dressing die Zitrone auspressen. Die Petersilie waschen, abtrocknen und hacken. Beides in einer Salatschüssel mit Salz und Pfeffer verrühren, dann das Öl gründlich darunterschlagen.

4 Das vorbereitete Gemüse und die Hälfte der Pignoli in dem Dressing wenden, den Salat abschmecken und, mit den restlichen Pignoli bestreut, servieren.

Minestrone

Zutaten für 4 Personen:

300 g Kartoffeln (festkochende Sorte)
1 Lauchstange
200 g Zucchini
200 g gelbe Rüben
1 kleine Fenchelknolle
400 g Tomaten
1 Zwiebel
2 EL Olivenöl
1¹/₄ l heiße Brühe
1 Bund Petersilie
1 Bund Basilikum
Salz, schwarzer Pfeffer aus der Mühle
50 g Pecorino oder Parmesan

1 Die Kartoffeln schälen, waschen und würfeln. Lauch, Zucchini, gelbe Rüben und Fenchel waschen, putzen und in kleine Stücke schneiden.

2 Die Tomaten einritzen und für einige Sekunden in kochendheißes Wasser legen. Herausheben und häuten, ohne die Stengelansätze grob würfeln.

3 Die Zwiebel schälen und fein würfeln, bei mittlerer Hitze in einem großen Topf im Olivenöl glasig werden lassen. Nach und nach Fenchel, gelbe Rüben, Lauch und Zucchini mit anschwitzen, dann die heiße Brühe dazugießen. Tomaten und Kartoffeln dazugeben, alles zugedeckt bei mittlerer Hitze 20–25 Minuten köcheln lassen.

4 Die Kräuter hacken und unter die Suppe rühren. Diese mit Salz und Pfeffer abschmecken und, nach Belieben mit frisch gehobeltem oder geriebenem Käse bestreut, servieren.

Pikante Zitronensuppe

Zutaten für 4 Personen:

3 Stangen Sellerie
1 große gelbe Rübe
1 große Zwiebel
1 EL Olivenöl
³/₄ l Hühnerbrühe
50 g Reis
3 Eidotter
3 EL Zitronensaft
Salz
schwarzer Pfeffer aus der Mühle

1 Das Gemüse waschen, putzen und in kleine Würfel schneiden. Das Öl in einem Topf erhitzen, das Gemüse darin leicht anschwitzen. Die Brühe angießen, alles zugedeckt etwa 10 Minuten köcheln lassen.

2 Einige Gemüsewürfelchen aus der Brühe heben und zum Garnieren beiseite stellen. Das restliche Gemüse mit der Suppe pürieren. Den Reis hineinstreuen, die Suppe noch knapp 20 Minuten kochen lassen.

3 Die Eidotter in einer Schüssel cremig rühren. Den Zitronensaft langsam darunterschlagen, dann nach und nach 2–3 Eßlöffel der heißen Brühe dazugießen.

4 Den Topf von der Kochstelle ziehen. Die Eier-Zitronen-Sauce hineingießen und alles gründlich verrühren. Die Suppe noch kurz ziehen lassen, aber nicht mehr aufkochen! Abschmecken und zum Servieren die übrigen Gemüsewürfelchen hineingeben. Heiß oder gekühlt servieren.

Kartoffel-Kresse-Suppe

Zutaten für 4 Personen:

600 g Kartoffeln
(mehlig kochende Sorte)
1 Zwiebel
1 EL Butter
1 l Brühe
Salz
schwarzer Pfeffer aus der Mühle
125 g Schlagrahm
reichlich Gartenkresse

1 Die Kartoffeln waschen, schälen und würfeln. Die Zwiebel schälen und ebenfalls würfeln. Die Butter in einem Topf erhitzen, Kartoffeln und Zwiebeln darin leicht anschwitzen. Mit der Brühe ablöschen und zugedeckt 20 Minuten köcheln lassen.

2 Die Suppe pürieren und wieder aufkochen lassen, mit Salz und Pfeffer abschmecken. Den Rahm steif schlagen und unterheben, die Suppe, mit reichlich Kresse bestreut, servieren.

TIP

Gut schmeckt die Suppe auch, wenn Sie in Streifen geschnittene Brunnenkresse, Spinat oder Rucola in der pürierten Suppe kurz ziehen lassen, bevor Sie den Rahm unterheben. Dann auch dieses Gemüse zum Servieren obenauf streuen, nach Belieben zusätzlich einige geröstete Brotwürfelchen.

Minestrone

Tomatensalat mit Pesto

Zutaten für 4 Personen:

75 g Pignoli (Pinienkerne)
2–3 Knoblauchzehen
75–100 g Basilikum
Salz
100 ml würziges, kaltgepreßtes Olivenöl
50 g frisch geriebener Parmesan
schwarzer Pfeffer aus der Mühle
evtl. etwas Brühe
650 g reife, aromatische Tomaten
75 g schwarze Oliven

1 Die Pignoli in einer trockenen Pfanne leicht goldbraun rösten. Den Knoblauch schälen und grob hacken. Das Basilikum waschen und trockenschütteln. Ein Drittel der Pignoli und einige Basilikumblättchen zum Garnieren zurücklassen, den Rest zusammen mit dem Knoblauch, 1 Teelöffel Salz und etwa der Hälfte des Öls im Mörser fein zerstoßen oder im Mixer pürieren.

2 Nach und nach das restliche Öl und den Käse unterrühren, mit Salz und Pfeffer herzhaft abschmecken. Nach Belieben etwas Brühe unterrühren, wenn die Creme zu kompakt ist.

3 Die Tomaten waschen und ohne die Stengelansätze in Scheiben schneiden, auf einer großen Platte oder auf Tellern auslegen. Etwas Salz aufstreuen, Pfeffer direkt aus der Mühle darübergeben.

4 Pesto löffelweise auf die Tomaten geben. Die Oliven nach Belieben entsteinen, zusammen mit den gerösteten Pignoli und den Basilikumblättchen auf den Salat geben.

TIP

Pesto, die berühmte ligurische Kräutersauce, wird hier einmal nicht zu Nudeln oder in einer Suppe serviert, sie krönt saftige Tomaten und verleiht dem Salat ein besonderes Aroma.

Marinierte Paprikaschoten

Zutaten für 4 Personen:

1 gelbe Paprikaschote
1 grüne Paprikaschote
1 rote Paprikaschote
4 Knoblauchzehen
6–8 Thymianzweige
4 EL Aceto balsamico
1 EL Zitronensaft
Salz
schwarzer Pfeffer aus der Mühle
6 EL kaltgepreßtes Olivenöl

Zum Servieren

2 Scheiben Bauernbrot
3 EL Olivenöl
2 Knoblauchzehen
Salz
schwarzer Pfeffer aus der Mühle
30 g Pecorino

1 Den Backofen auf 250 °C vorheizen. Die Paprikaschoten halbieren, von Stielansätzen, Kernchen und Trennhäutchen befreien und waschen. Die Hälften mit den Rundungen nach oben auf ein Backblech legen und die Schoten im Ofen 15–25 Minuten backen, bis die Haut dunkelbraun ist und Blasen wirft.

2 Die Schoten aus dem Ofen nehmen und unter einem feuchten Tuch abkühlen lassen.

3 Den Knoblauch schälen und sehr fein hacken. Den Thymian waschen, die Blättchen von den Stielen streifen.

4 Den Knoblauch mit Thymian, Aceto balsamico, Zitronensaft, Salz und Pfeffer verquirlen, das Öl gründlich darunterschlagen. Herzhaft abschmecken.

5 Die Paprikahälften häuten und in breite Streifen schneiden. In der Marinade wenden und zugedeckt mehrere Stunden an einem kühlen Ort (aber nicht im Kühlschrank) ziehen lassen.

6 Zum Servieren das Brot in kleine Würfel schneiden. Das Öl in einer Pfanne erhitzen. Den Knoblauch schälen und dazupressen, die Brotwürfel darin rundherum goldbraun braten. Mit Salz und Pfeffer würzen.

7 Die Brotwürfel über die Paprika streuen, den Pecorino darüberhobeln.

Sommer

Kalte Gemüsesuppe

Zutaten für 4 Personen:

500 g reife, aromatische Tomaten
1 Gemüsezwiebel
1 Salatgurke
1 grüne Paprikaschote
3 Knoblauchzehen
2 Scheiben Weißbrot
1 EL Rotweinessig
3 EL kaltgepreßtes Olivenöl
Salz
schwarzer Pfeffer aus der Mühle

1 Die Tomaten überbrühen, häuten und grob würfeln.

2 Die Zwiebel und die Gurke schälen, die Paprikaschote halbieren, putzen und waschen, das Gemüse fein würfeln.

3 Den Knoblauch schälen, zusammen mit den Tomaten und gut der Hälfte des übrigen Gemüses im Mixer gleichmäßig pürieren.

4 Das Weißbrot mit dem Essig und knapp 200 ml Wasser beträufeln und kurz ziehen lassen. Mit dem Öl zum pürierten Gemüse geben, alles zusammen cremig pürieren. Mit Salz und Pfeffer abschmecken, zugedeckt mindestens 2 Stunden im Kühlschrank durchziehen lassen.

5 Vor dem Servieren die Suppe noch einmal durchrühren und abschmecken. Das übrige Gemüse hineingeben.

Kartoffelpfanne mit Mortadella

Zutaten für 4 Personen:

1 kg kleine neue festkochende Kartoffeln
150 g Schalotten
4 Knoblauchzehen
2 EL Butter
4 EL Olivenöl
Salz
schwarzer Pfeffer aus der Mühle
10 Thymianzweige
1 Rosmarinzweig
1/2 Tasse Brühe oder Weißwein
150 g Mortadella
125 g Mozzarella

1 Die Kartoffeln gründlich waschen und schrubben, nicht schälen. Die Schalotten schälen und grob würfeln. Den Knoblauch schälen und in Stifte schneiden.

2 Die Butter und das Olivenöl in einer großen, schweren Pfanne nicht zu stark erhitzen. Die Schalotten und den Knoblauch darin kurz anbraten.

3 Die Kartoffeln dazugeben und rundherum leicht anbraten. Mit Salz und Pfeffer würzen.

4 Die Kräuter waschen und die Blättchen und Nadeln abzupfen, hacken und zu den Kartoffeln geben. Die Brühe oder den Wein angießen, die Pfanne zudecken und die Kartoffeln fest zugedeckt bei milder Hitze etwa 30 Minuten schmoren. Die Pfanne zwischendurch mehrmals rütteln, damit die Kartoffeln gleichmäßig garen. Eventuell zwischendurch noch etwas Brühe, Wein oder Wasser dazugeben, wenn zuviel Feuchtigkeit verdampft.

5 Die Mortadella in schmale Streifen schneiden, den Mozzarella würfeln. Beides zu den Kartoffeln geben und noch kurz in der zugedeckten Pfanne erwärmen.

Rucolaknödelchen

Zutaten für 4 Personen:

80 g Rucola
3 Semmeln (vom Vortag)
1/8 l Milch
1 kleine Zwiebel
2 TL Butter
Salz
schwarzer Pfeffer aus der Mühle
2 Eier
2–3 EL Mehl
3–5 EL Semmelbrösel

1 Den Rucola gründlich waschen und verlesen, grobe Stiele entfernen. Grob hacken.

2 Die Semmeln sehr klein würfeln, in einer Schüssel mit der Milch beträufeln und quellen lassen.

3 Die Zwiebel schälen, fein würfeln und in der Butter glasig werden lassen. Rucola dazugeben, zusammenfallen lassen und mit Salz und Pfeffer würzen.

4 In einer Schüssel die Eier verquirlen. Rucola und die Semmeln dazugeben. Alles vermengen, dabei Mehl und Semmelbrösel dazugeben, bis die Masse gut formbar ist. Etwa 15 Minuten quellen lassen.

5 Reichlich Salzwasser aufkochen lassen. Zuerst einen Probeknödel formen und in das Wasser geben. Hält er nicht zusammen, noch weitere Semmelbrösel unter die Knödelmasse kneten. Dann kleine Knödel formen, diese in das Wasser geben und bei schwacher Hitze etwa 15 Minuten gar ziehen (nicht kochen) lassen. Mit einer Schaumkelle aus dem Wasser heben und gut abtropfen lassen.

SERVIERTIP

Die Knödelchen zusammen mit einer Tomaten- oder Käsesauce anrichten und als Vorspeise oder leichtes Sommeressen servieren.

Schinkenkipferln

Zutaten für 8 Personen:

150 g Pellkartoffeln vom Vortag (mehlig kochende Sorte)
etwa 150 g Mehl (und Mehl zum Ausrollen)
125 g Topfen (Quark)
50 g weiche Butter
1 Ei (und 1 Eidotter zum Bestreichen)
Salz
1 Prise Muskatnuß

Für die Füllung

125 g Räucherschinken
1 EL Butter
1 EL Mehl
1 EL Mascarpone
1 EL gehackte Petersilie
1 TL getrockneter Majoran
schwarzer Pfeffer aus der Mühle

Zum Bestreuen

Kümmel

1 Die Kartoffeln schälen und durch die Kartoffelpresse drücken oder fein reiben. Mit Mehl, Topfen, Butter und dem Ei zu einem glatten Teig verkneten, mit Salz und Muskat würzen. Zugedeckt 30 Minuten kalt stellen.

2 Inzwischen für die Füllung den Schinken in sehr kleine Würfel schneiden. In einer Pfanne in der Butter leicht anbraten. Das Mehl in die Pfanne streuen und leicht anschwitzen, Mascarpone, Petersilie und Majoran unterrühren. Mit Pfeffer würzen und vom Herd ziehen.

3 Den Backofen auf 225 °C vorheizen. Den Teig noch einmal durchkneten und auf einer bemehlten Fläche zu einem 1/2 cm dicken Quadrat ausrollen.

4 Dieses in 4 kleinere Quadrate unterteilen. Jedes Quadrat dann diagonal in Dreiecke schneiden. Jeweils etwas Schinkenmischung in die Mitte der Dreiecke setzen, diese, von der breiten Seite beginnend, aufrollen. Zu Kipferln formen und auf ein mit Backpapier belegtes Blech legen.

5 Das Eidotter zum Bestreichen in einer Tasse mit 1 Eßlöffel Wasser verquirlen, die Kipferln damit bepinseln und mit Kümmel bestreuen. Im Ofen in etwa 25 Minuten goldbraun backen.

Zucchinipuffer

Zutaten für 4 Personen:

2 kleine Eier
Salz
schwarzer Pfeffer aus der Mühle
1/4 TL getrocknete, zerriebene Chilischoten
1 kleine Zwiebel
350 g Zucchini
300 g Kartoffeln
Öl zum Braten

1 In einer Schüssel die Eier mit Salz, Pfeffer und Chili verrühren. Die Zwiebel schälen, in sehr kleine Würfel schneiden und untermischen.

2 Die Zucchini waschen, die Kartoffeln schälen und waschen, beides grob raspeln und mit den Händen gut ausdrücken, zu den Eiern geben und gründlich damit vermengen.

3 In einer Pfanne Öl zum Braten erhitzen. Für jeden Puffer etwa 1 gehäuften Eßlöffel der Zucchini-Kartoffel-Mischung hineingeben. Die Masse flachdrücken und von beiden Seiten goldbraun braten.

SERVIERTIP

Dazu süßes oder herzhaftes Früchtekompott oder mit Kräutern verrührten Ricotta reichen.

Kräuterforellen

Zutaten für 4 Personen:

400 g Tomaten
1 Bund Frühlingszwiebeln
1 großes Bund gemischte Kräuter (z. B. Kerbel, Dill, Basilikum, Petersilie, Estragon)
2 Knoblauchzehen
4 Forellen (küchenfertig; je 350 g)
Zitronensaft
Salz
weißer Pfeffer aus der Mühle
2 EL Olivenöl
100 ml trockener Weißwein

1 Den Backofen auf 200 °C vorheizen. Die Tomaten einritzen, für einige Sekunden in kochendheißes Wasser legen. Herausheben und häuten, dann entkernen und kleinwürfeln.

2 Die Frühlingszwiebeln waschen, putzen und in feine Ringe schneiden. Die Kräuter waschen, abtrocknen, verlesen und hacken. Den Knoblauch schälen und ebenfalls hacken.

3 Die Forellen gründlich waschen und abtrocknen. Innen und außen mit Zitronensaft beträufeln sowie salzen und pfeffern. Die Kräuter und den Knoblauch mischen, einen Teil davon in die Fische füllen.

4 Öl, Tomaten, Frühlingszwiebeln und die restlichen Kräuter in einen breiten Schmortopf geben. Salzen und pfeffern und vorsichtig mischen.

Kräuterforellen

5 Die Forellen auf das Gemüse legen, den Wein angießen. Den Schmortopf mit einem passenden Deckel oder mit Alufolie zudecken und in den Ofen stellen, alles etwa 20 Minuten garen.

SERVIERTIP

Zu den Forellen passen neue Kartoffeln ebensogut wie helles Brot.

TIP

Die Forellen garen bei diesem Gericht zusammen mit vielen Kräutern im Ofen. Ein Wenden der Fische ist dabei nicht nötig, sie kommen deshalb garantiert heil auf den Tisch. Zudem bleiben die Aromen im geschlossenen Schmortopf bestens erhalten – also eine schonende, leichte Zubereitung.

Auberginen-Tomaten-Auflauf

Zutaten für 4 Personen:

4 kleine Auberginen
300 g Zwiebeln
5 EL Olivenöl (und Öl für das Blech)
2 Knoblauchzehen
2 EL Thymianblättchen
Salz
schwarzer Pfeffer aus der Mühle
1 kg große Tomaten
250 g Mozzarella
30 g frisch geriebener Parmesan

1 Den Backofen auf 200 °C vorheizen. Die Auberginen waschen und in Scheiben schneiden, nebeneinander auf ein leicht mit Olivenöl bestrichenes und gesalzenes Backblech legen und im Ofen knapp 10 Minuten backen.

2 Inzwischen die Zwiebeln schälen und in dünne Scheiben schneiden. Das Öl in einer Pfanne erhitzen, die Zwiebeln darin bei mittlerer Hitze goldbraun braten. Den Knoblauch schälen und dazupressen, mit Thymian, Salz und Pfeffer würzen.

3 Die Tomaten waschen und ohne die Stielansätze in Scheiben schneiden. Den Mozzarella in dünne Scheiben schneiden.

4 Die Auberginen aus dem Ofen nehmen, die Ofenhitze auf 175 °C reduzieren. Die Zwiebeln in eine Gratinform geben, die Auberginen- und die Tomatenscheiben dachziegelförmig darauf legen. Mit Salz und Pfeffer würzen.

5 Den Mozzarella auf das Gemüse legen, alles etwa 45 Minuten im Ofen backen. Dann den Parmesan aufstreuen und alles noch etwa 10 Minuten backen.

SERVIERTIP

Reichen Sie den saftigen Gemüseauflauf als sommerliches, vitaminreiches Abendessen. Wenn Sie auf Fleisch nicht verzichten möchten, braten Sie Lammkoteletts oder eine kleine Lammschulter dazu. Eine kleine Lammschulter benötigt bei 180 °C etwa 1½ Stunden – Sie können sie also gleichzeitig mit im Ofen braten.

Rosmarinhähnchen

Zutaten für 3–4 Personen:

1 großes Brathähnchen (etwa 1,5 kg)
reichlich Rosmarin
3 Petersilienzweige
2 Knoblauchzehen
60 g weiche Butter
Salz
schwarzer Pfeffer aus der Mühle
2 EL Olivenöl
250 g Schalotten
300 g Zucchini

1 Den Backofen auf 200 °C vorheizen. Das Hähnchen waschen und gründlich abtrocknen.

2 Die Kräuter waschen und abtrocknen. Die Rosmarinnadeln abzupfen und hacken, die Petersilie ebenfalls hacken. Den Knoblauch schälen und zerdrücken, mit den Kräutern, der Butter, Salz und Pfeffer verrühren.

3 Mit dem Zeigefinger vorsichtig die Haut des Hähnchens an mehreren Stellen etwas vom Fleisch lösen, aber nicht abreißen. Jeweils etwas Kräuterbutter unter die Haut schieben. Das Hähnchen auch außen mit Salz und Pfeffer einreiben.

4 Einen Schmortopf mit dem Öl ausstreichen, das Hähnchen mit der Brust nach unten hineinlegen. Im Ofen etwa 20 Minuten braten.

5 Inzwischen die Schalotten schälen und halbieren. Die Zucchini waschen, putzen und würfeln.

6 Das Hähnchen wenden, die Schalotten und die Zucchini dazugeben. Das Gemüse salzen und pfeffern und alles noch etwa 30 Minuten garen.

SERVIERTIP

Als Beilage schmeckt würzig abgeschmeckte Polenta sehr gut. Sie können aber auch kleine Kartoffeln zusammen mit dem Hähnchen in den Schmortopf geben und im Ofen braten, dann bereiten Sie die Beilage gleich zusammen mit dem Hauptgericht zu.

Kalbsgeschnetzeltes mit Zucchini

Zutaten für 4 Personen:

1 große Zwiebel
300 g kleine Zucchini
600 g Kalbfleisch (z. B. aus der Nuß)
2 EL Butter
1/8 l trockener Weißwein
100 g Schlagrahm
Salz
weißer Pfeffer aus der Mühle
glatte Petersilie

1 Die Zwiebel schälen und in kleine Würfel schneiden. Die Zucchini waschen, putzen und fein stifteln.

2 Das Kalbfleisch waschen, abtrocknen und quer zur Faser in schmale Streifen schneiden.

3 In einer Pfanne 1 Eßlöffel Butter erhitzen. Das Fleisch darin rundherum kurz anbraten, dann wieder aus der Pfanne nehmen.

4 Die restliche Butter erhitzen, die Zwiebelwürfel darin glasig werden lassen. Die Zucchinistifte dazugeben und kurz mit anbraten.

5 Den Wein und den Rahm in die Pfanne gießen, die Flüssigkeit bei starker Hitze in 1–2 Minuten ein wenig einkochen lassen. Zuletzt die Kalbfleischstreifen wieder in die Pfanne geben, alles vermischen und würzen. Mit Petersilie bestreut sofort servieren.

SERVIERTIP

Dazu passen Gnocchi oder Polenta sehr gut, aber auch kleine Nudeln.

VARIATION

Für ein Zürcher Geschnetzeltes wird das Kalbfleisch mit Champignons kombiniert. Dafür statt der Zucchini etwa 250 g kleine, feste Champignons waschen oder mit einem feuchten Tuch abreiben, putzen und vierteln oder in Scheiben schneiden. Die Pilze zusammen mit den Zwiebelwürfeln anbraten, mit Rahm und Wein ablöschen und mit den angebratenen Fleischstreifen mischen. Eine typische Beilage dazu sind in der Schweiz Rösti, die dicken, saftigen Kartoffelpfannkuchen.

Kalbsgeschnetzeltes mit Zucchini

Schlutzkrapfen

Zutaten für 4 Personen:

Für den Teig
200 g feines Roggenmehl
200 g Weizenmehl
2 Eier
3–4 EL Öl
ca. 100 ml Wasser
Salz

Für die Füllung
200 g Spinat
1 kleine Zwiebel
2 EL Butter
500 g Topfen (Quark)
2 Eidotter
2 EL Sauerrahm
Salz
schwarzer Pfeffer aus der Mühle

Außerdem
Mehl zum Ausrollen
1 Eiweiß zum Bestreichen
100 g Butter
4 EL gehackte Kräuter
4 EL geriebener Parmesan

1 Für den Teig die Zutaten ausgiebig zu einem glatten, geschmeidigen Teig verkneten. Zu einer Kugel formen und zugedeckt 1 Stunde ruhen lassen.

2 Inzwischen für die Füllung den Spinat gründlich waschen, verlesen und trockenschütteln, dann hacken. Die Zwiebel schälen und in kleine Würfel schneiden, in einem Topf in der Butter glasig werden lassen. Den Spinat dazugeben und zugedeckt 5 Minuten dünsten, ihn dann in einem Sieb sehr gut ausdrücken.

3 Den Topfen in einem Sieb gut abtropfen lassen, ihn dann in einer Schüssel mit den Eidottern, dem Sauerrahm und dem Spinat verrühren. Mit Salz und Pfeffer abschmecken.

4 Den Nudelteig zu einer dicken Rolle formen. Bleistiftdicke Scheiben von der Rolle abschneiden und diese nach und nach auf leicht bemehlter Fläche etwa handtellergroß ausrollen.

5 Auf jeden ausgerollten Teigkreis sofort 1–2 Teelöffel Spinat-Topfen-Masse geben, den Rand mit Eiweiß bestreichen und den Kreis mit den Fingern zu einem Halbkreis zusammendrücken. Die Ränder gut festdrücken, damit die Füllung fest eingeschlossen ist. Nach und nach den ganzen Teig verarbeiten. (Die Menge ergibt etwa 40 Schlutzkrapfen.)

6 Reichlich Salzwasser in einem großen breiten Topf aufkochen lassen. Die Schlutzkrapfen darin in 5–10 Minuten garen.

7 Die Butter in einer Pfanne bräunen. Die fertigen Schlutzkrapfen gut abtropfen lassen und, mit der gebräunten Butter beträufelt und mit Kräutern und Parmesan bestreut, servieren.

Gebratene Kalbsleber

Zutaten für 4 Personen:

600 g Kalbsleber
75 g Speck
1 Bund Frühlingszwiebeln
3 EL Olivenöl
200 ml trockener Weiß- oder Rotwein
Salz
schwarzer Pfeffer aus der Mühle
1/2 TL getrocknete, zerriebene Chilischoten
2 EL Majoranblättchen

1 Die Kalbsleber waschen, abtrocknen und sorgfältig enthäuten, dabei auch alle Sehnen entfernen. Die Leber dann schnetzeln.

2 Den Speck von Schwarte und Knorpeln befreien und in kleine Würfel schneiden. Die Frühlingszwiebeln waschen, putzen und in Ringe schneiden.

3 In einer Pfanne 1 Eßlöffel Öl erhitzen. Die Leberstreifen darin rundherum scharf anbraten, dann wieder aus der Pfanne nehmen und beiseite stellen.

4 Das restliche Öl in der Pfanne erhitzen, den Speck leicht anbraten. Die Frühlingszwiebeln dazugeben und kurz anschwitzen, mit dem Wein ablöschen. Mit Salz, Pfeffer, Chilischoten und Majoran würzen.

5 Die Leber wieder dazugeben und alles bei schwacher Hitze noch knapp 5 Minuten köcheln lassen.

Spaghetti mit roher Tomatensauce

Zutaten für 4 Personen:

750 g vollreife Tomaten
2 Knoblauchzehen
6 EL aromatisches kaltgepreßtes Olivenöl
Salz
schwarzer Pfeffer aus der Mühle
400 g Spaghetti
einige Basilikumblättchen

1 Die Tomaten einritzen und für einige Sekunden in kochendes Wasser legen. Sie dann herausheben, häuten und entkernen, von den Stielansätzen befreien und in kleine Würfel schneiden.

2 Den Knoblauch schälen und fein hacken oder durch die Presse drücken. Mit den Tomaten und dem Öl mischen, mit Salz und Pfeffer abschmecken. Die Sauce zugedeckt 2–3 Stunden durchziehen lassen.

3 Reichlich Salzwasser zum Kochen bringen und die Spaghetti nach der Packungsbeschreibung garen. In ein Sieb abgießen und sehr gut abtropfen lassen.

4 Die Tomatensauce umrühren und abschmecken, in einem Topf ganz kurz erwärmen, dann mit den Nudeln mischen und sofort servieren. Basilikumblättchen darüberstreuen.

Fenchel-Tomaten-Risotto

Zutaten für 4 Personen:

2 kleine Fenchelknollen
1/2 l Brühe
1 Zwiebel
2 EL Butter
2 EL Olivenöl
1 Knoblauchzehe
250 g Risottoreis
1/8 l trockener Weißwein
Salz
schwarzer Pfeffer aus der Mühle
400 g feste, vollreife Tomaten
4 EL frisch geriebener Pecorino

1 Die Fenchelknollen waschen und putzen. Das Fenchelgrün beiseite legen, die Knollen längs vierteln und die Viertel quer in feine Streifen schneiden.

2 1/8 l Brühe aufkochen lassen. Den Fenchel hineingeben und 5 Minuten zugedeckt dünsten. Abgießen und gut abtropfen lassen, dabei die Brühe auffangen.

3 Die Zwiebel schälen und kleinwürfeln. In einem Topf die Butter und das Öl erhitzen, die Zwiebelwürfel darin glasig werden lassen. Den Knoblauch schälen und dazupressen.

4 Den Reis einrühren, bis die Körnchen von einem dünnen Fettfilm überzogen sind, dann nach und nach in kleinen Portionen zuerst den Wein, später die Brühe zum Reis gießen. Dabei sollte der Reis die Flüssigkeit stets aufgenommen haben, bevor die nächste dazugegossen wird. Salzen und pfeffern

5 Die Tomaten einritzen, überbrühen und häuten, entkernen und von den Stielansätzen befreien, dann kleinwürfeln.

6 Den Fenchel und die Tomaten unter den Reis mischen. Abschmecken und, mit dem Fenchelgrün und dem Pecorino bestreut, servieren.

Beerenkaltschale mit Schneebällchen

Zutaten für 4 Personen:

Für die Kaltschale

1 kg reife, aromatische Beeren (z. B. Erdbeeren, Himbeeren, Johannisbeeren)
5 EL Staubzucker
1 EL Vanillezucker
1 kleine unbehandelte Zitrone

Für die Schneenocken

1 großes Eiweiß
1 Prise Salz
6 EL Staubzucker

1 Für die Kaltschale die Beeren waschen, verlesen und putzen. Einige Früchte zum Garnieren beiseite legen, die restlichen kleinschneiden und mit dem Staubzucker und dem Vanillezucker mischen. Die Zitrone heiß abwaschen und abtrocknen, die Schale abreiben und den Saft auspressen, mit den Beeren mischen. Zugedeckt mindestens 2 Stunden kalt stellen.

2 Für die Schneebällchen in einem breiten Topf reichlich Wasser aufkochen lassen. Den Topf danach vom Herd ziehen.

3 Das Eiweiß mit dem Salz kurz schaumig schlagen. Den Staubzucker sieben und nach und nach zum Eiweiß geben, zu steifem Schnee aufschlagen.

4 Mit zwei nassen Eßlöffeln vom Eischnee Bällchen abstechen, in das heiße Wasser geben und darin zugedeckt etwa 5 Minuten ziehen lassen.

5 Die marinierten Beeren pürieren und nach Belieben durch ein Sieb streichen. Auf Teller verteilen. Die Schneebällchen mit einer Schaumkelle aus dem Wasser heben, abtropfen lassen und auf der Beerenkaltschale anrichten. Mit den beiseite gelegten Beeren garnieren.

VARIANTEN

Statt der Beerenmischung können Sie auch nur eine Beerensorte oder aber andere Früchte verwenden. Als etwas weniger süße, dafür aber sättigendere Einlage passen Topfennocken oder Grießnocken sehr gut – dann können Sie die Kaltschale auch einmal als leichtes Hauptgericht an einem heißen Tag servieren.

Kirschbecher mit Mascarpone

Zutaten für 4 Personen:

300 g Sauerkirschen
3 EL Staubzucker
1 EL Kirschwasser oder Grappa
1 kleine unbehandelte Zitrone
200 g Mascarpone
100 g Joghurt
Zitronenmelisse zum Garnieren

1 Die Kirschen waschen und entsteinen. Mit 2 Eßlöffeln Staubzucker und dem Kirschwasser oder Grappa mischen und zugedeckt 1 Stunde kalt stellen.

2 Die Zitrone heiß abwaschen und abtrocknen. Die Schale fein abreiben, den Saft auspressen. Beides mit Mascarpone und Joghurt verrühren und mit 1 Eßlöffel Staubzucker süßen.

3 Einige Kirschen zum Garnieren beiseite legen, die restlichen in 4 Dessertgläser verteilen. Die Mascarponecreme darübergeben, mit den restlichen Kirschen und der Melisse verzieren.

VARIANTE

Für eine etwas leichtere Variante den Mascarpone durch mageren oder halbfetten Topfen ersetzen. Allerdings geht dabei natürlich Cremigkeit verloren.

Kirschbecher mit Mascarpone

Süße Schlutzkrapfen mit Himbeersauce

Zutaten für 8 Personen:

Für den Teig

400 g Mehl
2 Eier
3–4 EL Öl
100 ml Wasser
Salz

Für die Füllung

500 g Topfen (Quark)
3 EL Butter
2 Eidotter
1 Prise Salz
3 EL Staubzucker
1 Päckchen Vanillezucker

Für die Himbeersauce

300 g Himbeeren
2 EL Staubzucker
1 EL Himbeergeist oder Grappa

Außerdem

Mehl zum Ausrollen
1 Eiweiß zum Bestreichen
Himbeeren zum Garnieren
gehackte Pistazienkerne zum Bestreuen

1 Für den Teig die Zutaten ausgiebig zu einem glatten, geschmeidigen Teig verkneten. Zu einer Kugel formen und zugedeckt 1 Stunde ruhen lassen.

2 Inzwischen für die Füllung den Topfen in einem Sieb gut abtropfen lassen.

3 Die Butter schmelzen und wieder etwas abkühlen lassen, mit dem Topfen, den Eidottern, Salz, Staubzucker und Vanillezucker verrühren.

4 Den Nudelteig zu einer dicken Rolle formen. Bleistiftdicke Scheiben von der Rolle abschneiden und diese nach und nach auf leicht bemehlter Fläche etwa handtellergroß ausrollen.

5 Auf jeden ausgerollten Teigkreis sofort 1–2 Teelöffel Topfenmasse geben, den Rand mit Eiweiß bestreichen und den Kreis mit den Fingern zu einem Halbkreis zusammendrücken. Die Ränder gut festdrücken, damit die Füllung fest eingeschlossen ist. Nach und nach den ganzen Teig verarbeiten. (Die Menge ergibt etwa 40 Schlutzkrapfen.)

6 Reichlich Salzwasser in einem großen breiten Topf aufkochen lassen. Die Schlutzkrapfen darin in 5–10 Minuten garen.

7 Die Himbeeren waschen und verlesen, pürieren und durch ein Sieb streichen. Mit Staubzucker und Himbeergeist oder Grappa abschmecken.

8 Die fertigen Schlutzkrapfen gut abtropfen lassen und mit dem Himbeerpüree servieren. Dazu mit Himbeeren garnieren und mit gehackten Pistazienkernen bestreuen.

Gebackene Topfenpfirsiche

Zutaten für 4 Personen:

2 große reife Pfirsiche
2 kleine Eier
3 EL Staubzucker
1 Päckchen Vanillezucker
200 g Topfen
1 EL Kartoffelstärke

1 Den Backofen auf 200 °C vorheizen. Die Pfirsiche kurz in kochendes Wasser legen, herausheben, kalt abschrecken und häuten. Die Früchte dann halbieren und entsteinen.

2 Die Eier trennen. Das Eiweiß zu steifem Schnee schlagen, dabei 2 Eßlöffel Staubzucker einrieseln lassen.

3 Die Eidotter mit dem restlichen Staubzucker, dem Vanillezucker, dem Topfen und der Kartoffelstärke glattrühren. Den Eischnee unterheben.

4 Die Topfencreme in eine Gratinform geben, die Pfirsiche mit den Rundungen nach oben darauf legen. Alles gut 15 Minuten im Ofen backen.

Schloß Freudenstein im Überetsch

Ricottaplätzchen mit Schwarzbeeren

Zutaten für 4–6 Personen:

200 g Schwarzbeeren
2 EL Zucker
300 g Ricotta
1 EL Vanillezucker
2 Eier
75 g Mehl
50 g gehackte Pistazienkerne

Außerdem

Butter zum Braten
4–6 Kugeln Vanilleeis

1 Die Schwarzbeeren verlesen, waschen und gut abtropfen lassen. Mit dem Zucker in einen Topf geben und einmal aufkochen, dann gut abkühlen lassen.

2 Ricotta, Vanillezucker, die Eier und das Mehl glattrühren, die Hälfte der Pistazienkerne unterrühren. In einer beschichteten Pfanne etwas Butter aufschäumen lassen. Für jedes Plätzchen 1 gehäuften Eßlöffel Teig hineingeben, etwas flachdrücken und bei mittlerer Hitze von beiden Seiten goldbraun braten. Nach und nach etwa 12 Plätzchen backen.

3 Die warmen Ricottaplätzchen mit den Schwarzbeeren und jeweils einer Eiskugel anrichten, die restlichen Pistazienkerne aufstreuen.

Johannisbeerkuchen

Zutaten für 12 Personen:

Für den Teig

3 Eier
175 g weiche Butter
175 g Staubzucker
abgeriebene Schale von 1 Zitrone (unbehandelt)
175 g Mehl

Für den Belag

400 g rote Johannisbeeren
3 Eiweiß
125 g Zucker

1 Zuerst für den Belag die Johannisbeeren waschen und gut abtropfen lassen, die Beeren mit einer Gabel von den Rispen streifen.

2 Den Backofen auf 175 °C vorheizen. Für den Teig die Eier trennen. Die Eidotter mit der Butter, 125 g Staubzucker und der Zitronenschale cremig schlagen.

3 Das Eiweiß zu steifem Schnee schlagen, dabei den restlichen Staubzucker einrieseln lassen. Den Eischnee auf die Eigelbcreme setzen, das Mehl darübersieben und alles vorsichtig vermengen.

4 Den Teig in eine gefettete, 22–24 cm große Springform geben und darin glattstreichen. Etwa drei Viertel der Johannisbeeren darauf geben. Den Kuchen etwa 50 Minuten backen.

5 Das Eiweiß für den Belag ebenfalls zu steifem Schnee schlagen, dabei den Zucker einrieseln lassen. In einen Spritzbeutel mit mittelgroßer Sterntülle füllen.

6 Den Kuchen aus dem Ofen nehmen, die Ofenhitze auf 225 °C erhöhen.

7 Die restlichen Johannisbeeren auf dem Kuchen verteilen. Die Baisermasse gitterförmig auf den Kuchen spritzen, mit 1 Eßlöffel Zucker bestreuen. Den Kuchen noch etwa 5 Minuten backen, bis das Baiser leicht braun ist.

TIP

Wenn Sie tiefgefrorene Johannisbeeren verwenden möchten, sollten Sie diese zuerst im Kühlschrank auftauen lassen. Eventuell in einem Sieb abtropfen lassen, damit der Kuchen nicht zuviel Fruchtsaft aufsaugen muß.

Ricottaplätzchen

Schwarzbeer-Himbeer-Eisbecher

Zutaten für 6–8 Personen:

Für das Eis

50 g kleine Rosinen
2 EL Orangensaft
200 g Schwarzbeeren
4 frische Eidotter
50 g Zucker
2 EL Honig
200 g Schlagrahm

Zum Servieren

100 g Schlagrahm
100 g Schwarzbeeren
250 g Himbeeren
2 EL Staubzucker

1 Für das Eis die Rosinen heiß abwaschen und in einer Tasse in dem Orangensaft einweichen.

2 Die Schwarzbeeren waschen, verlesen und abtropfen lassen, mit einer Gabel zerdrücken.

3 Die Eidotter mit 2 Eßlöffeln warmem Wasser, dem Zucker und dem Honig in einer Wasserbadschüssel verquirlen. Über einem warmen Wasserbad zu einer dickschaumigen Creme aufschlagen.

4 Die Schüssel vom Wasserbad nehmen und die Creme so lange rühren, bis sie kalt ist. Dann den Rahm steif schlagen und zusammen mit den Rosinen und den Schwarzbeeren vorsichtig untermengen.

5 Die Creme in eine gefrierbeständige Schüssel umfüllen und zugedeckt für mindestens 4 Stunden in das Tiefkühlgerät stellen, dabei nach der ersten Stunde noch einmal kräftig durchrühren.

6 Zum Servieren den Rahm steif schlagen. Die Schwarzbeeren und die Himbeeren waschen und verlesen, abtropfen lassen und mit dem Staubzucker mischen.

7 Das Eis portionieren und in Gläser geben, die Beeren dazugeben und alles mit Rahmtupfen garnieren.

VARIANTEN

Statt mit Schwarzbeeren läßt sich das Eis auch mit allen anderen Beeren zubereiten, etwa mit Johannisbeeren, Himbeeren oder Erdbeeren. Auch Kirschen und reife Pfirsiche eignen sich. Feste Obstsorten müssen Sie zuerst kurz in Zuckersirup dünsten, damit sie weich werden.

Marillenknödel

Zutaten für 6 Personen:

Für die Knödel

Salz
40 g Butter
200 g Mehl (und Mehl zum Formen)
2 Eier
12 kleine reife Marillen/Aprikosen (etwa 500 g)
12 Stück Würfelzucker

Außerdem

80 g Butter
70 g Semmelbrösel
2–3 EL Zucker

1 Für den Brandteig 1/4 l Wasser, 1 Prise Salz und die Butter aufkochen, bis letztere geschmolzen ist. Das Mehl hineinschütten und unter Rühren zum Kloß abbrennen, dann vom Herd ziehen. Ein Ei sorgfältig und gründlich unterarbeiten, erst dann auch das andere Ei unterrühren. Abkühlen lassen.

2 Die Marillen waschen, aufschlitzen und entsteinen, je einen Zuckerwürfel an Stelle des Steines hineingeben.

3 Den Teig in 12 Portionen teilen (je etwa 40 g schwer). Nach und nach jede Portion etwas flachdrücken, eine Marille vollständig und gleichmäßig darin einhüllen, die Ränder gut glattstreichen. Dabei die Hände ab und zu unter kaltes Wasser halten.

4 Reichlich leicht gesalzenes Wasser in einem sehr breiten oder zwei normalen Töpfen aufkochen. Die Hitze so reduzieren, daß das Wasser gerade eben siedet. Die Knödel nebeneinander in das Wasser legen, etwa 8 Minuten ziehen lassen.

5 Die Butter in einer sehr breiten oder zwei normalen Pfannen aufschäumen, die Semmelbrösel darin unter Rühren anrösten. Die fertigen Knödel mit einer Schaumkelle aus dem Wasser heben, gut abtropfen lassen und in den gerösteten Semmelbröseln wenden. Mit Zucker bestreuen und auf Tellern anrichten.

Topfenschmarrn mit Marillen

Zutaten für 4 Personen:

300 g reife Marillen (Aprikosen)
4 EL Zucker
4 Eier (getrennt)
300 g Topfen
1 kleine unbehandelte Zitrone (Saft und abgeriebene Schale)
1 EL Vanillezucker
35 g gemahlene Mandeln
120 g Mehl

Außerdem

Butter zum Braten
Staubzucker zum Bestäuben

1 Die Marillen waschen und entsteinen, in Spalten schneiden und, mit 2 Eßlöffeln Zucker bestreut, beiseite stellen.

2 Die Eidotter mit dem restlichen Zucker, Topfen, Zitronensaft, Zitronenschale und Vanillezucker glattrühren. Das Eiweiß steif schlagen und darauf setzen. Die Mandeln und das Mehl mischen und über den Eischnee streuen, alles locker vermischen.

3 Jeweils etwas Butter in zwei Pfannen (möglichst beschichtete) aufschäumen lassen, den Teig hineingeben. Bei mittlerer Hitze auf der Unterseite etwas bräunen. Mit zwei Gabeln in grobe Stücke zerrupfen und erneut etwas Butter sowie die Marillenspalten in die Pfannen geben.

4 Die Schmarrn weiterbacken, bis sie goldbraun geworden sind. Auf Teller umfüllen und leicht mit Staubzucker bestreuen.

TIP

Die angegebenen Mengen reichen als Dessert für 4 Personen. Sie können den Schmarrn aber auch als süßes Hauptgericht für 2 Personen servieren.

VARIATIONEN

Statt der Marillen können Sie für solch einen lockeren Schmarrn auch andere Früchte verwenden, etwa Pflaumen, Pfirsiche oder entsteinte Sauerkirschen. Wenn Sie auf Konserven zurückgreifen, den Zuckeranteil im Teig etwas reduzieren, damit der Schmarrn insgesamt nicht zu süß wird.

Herbst

Die Tage werden wieder kürzer, das Laub färbt sich. Der Wein reift, es beginnt die genüßliche Törggelezeit. Begleitet wird der junge Tropfen von heißen Kastanien und frischen Nüssen, von Speck und Brot. Ansonsten locken Pilzsalat und Kastaniensuppe, Wildragout und Kaninchen, Pasta mit Radicchio und frischen Nüssen, Apfelküchl und Apfelstrudel. Wer kann da schon widerstehen?

Pilzsalat mit Rehfilet

Zutaten für 4 Personen:

250 g Champignons
150 g Austernpilze
125 g Pfifferlinge
50 g Speck
2 kleine rote Zwiebeln
1 Knoblauchzehe
250 g Rehfilet
1 TL Wacholderbeeren
Salz
schwarzer Pfeffer aus der Mühle
einige Blätter Eichblattsalat
einige Kirschtomaten
4 EL Olivenöl
3 EL Balsamessig

1 Die Pilze mit einem feuchten Tuch abreiben oder waschen, dann putzen und ein wenig kleiner zurechtschneiden. Kleine Pilze dabei ganz lassen.

2 Den Speck von Schwarte und Knorpeln befreien und kleinwürfeln. Die Zwiebeln und den Knoblauch schälen. Die Zwiebeln in sehr feine Streifen schneiden, den Knoblauch durchpressen oder hacken.

3 Das Rehfilet kalt abwaschen, abtrocknen und in kleine, dünne Scheiben schneiden. Die Wacholderbeeren fein zerstoßen, mit Salz und Pfeffer mischen und das Fleisch damit würzen. Die Salatblätter waschen, putzen und trockenschütteln, mundgerecht zerzupfen. Die Kirschtomaten waschen und halbieren oder vierteln.

Pilzsalat mit Rehfilet

4 1 Eßlöffel Öl in einer Pfanne erhitzen. Das Rehfleisch darin rundherum kurz anbraten. Aus der Panne nehmen und zugedeckt warm halten.

5 Das restliche Öl in der Pfanne erhitzen. Den Speck, die Zwiebeln und den Knoblauch darin kurz anbraten. Die Pilze dazugeben und kurz mit anbraten. Die Pfanne vom Herd nehmen, die Pilze mit Salz, Pfeffer aus der Mühle und dem Essig würzen.

6 Teller mit den Salatblättern auslegen, die Pilze und das Rehfilet darauf geben. Mit den Kirschtomaten dekorieren und sofort servieren.

Tagliatellesalat

Zutaten für 4 Personen:

Salz
150 g grüne Tagliatelle
200 g Truthahnbrust
2 EL Öl
schwarzer Pfeffer aus der Mühle
3 Frühlingszwiebeln
200 g kleine Kirschtomaten
125 g Gorgonzola
100 g Sauerrahm
etwa 75 ml Milch
3 EL Olivenöl
5 Basilikumzweige
50 g Nüsse

1 Reichlich Salzwasser in einem großen Topf aufkochen, die Nudeln darin nach der Packungsbeschreibung gerade eben al dente garen. In ein Sieb abgießen, unter kaltem Wasser abkühlen und gut abtropfen lassen.

2 Das Fleisch waschen und abtrocknen, dann schnetzeln. Das Öl in einer Pfanne erhitzen, das Fleisch darin rundherum nur kurz goldbraun braten. Salzen und pfeffern und beiseite stellen.

3 Die Frühlingszwiebeln waschen, putzen und in feine, schräge Ringe schneiden. Die Tomaten waschen und halbieren oder vierteln.

4 Den Gorgonzola zusammen mit dem Sauerrahm, der Milch und dem Olivenöl pürieren und cremig aufschlagen. Mit Pfeffer, wenig Salz und feingeschnittenem Basilikum würzen.

5 Alle Zutaten mischen und anrichten, die Nüsse grob hacken und aufstreuen.

Kastaniensuppe

Zutaten für 4 Personen:

etwa 400 g geschälte und gekochte Eßkastanien
1 große gelbe Rübe
2 zarte Lauchstangen
1 EL Butter
3/4 l Brühe
Salz
schwarzer Pfeffer aus der Mühle
etwas frisch geriebene Muskatnuß
100 g Schlagrahm

1 Die gekochten Kastanien zusammen mit etwas Wasser glattpürieren.

2 Die gelbe Rübe und den Lauch putzen, waschen und in sehr feine Würfel schneiden. Die Butter in einem Topf zerlassen, das Gemüse darin unter Rühren leicht anschwitzen. Mit der Brühe ablöschen, die Kastaniencreme dazugeben. Alles gut verrühren und zugedeckt bei schwacher Hitze 10 Minuten köcheln lassen.

3 Die Suppe mit Salz, Pfeffer und etwas Muskatnuß würzen, nach Belieben offen noch etwas einkochen lassen oder mit Brühe verdünnen.

4 Den Rahm halbsteif schlagen. Die Suppe auf Teller oder in Suppentassen verteilen, jeweils etwas Rahm darauf geben und mit einem Löffelstiel ein wenig verrühren.

Frische Gerstensuppe

Zutaten für 4 Personen:

100 g Speck
2 zarte Lauchstangen
2 gelbe Rüben
2 Selleriestangen
1 EL Öl
1 l kräftige Brühe
125 g grobe Gerstenkörner
1 Lorbeerblatt
1 Thymianzweig
Salz
weißer Pfeffer aus der Mühle
frische gehackte Kräuter

1 Den Speck in kleine Würfel schneiden. Die Lauchstangen putzen, aufschlitzen und gründlich waschen, trockenschütteln und in Ringe schneiden. Die gelben Rüben schälen, längs halbieren und in dünne Scheiben schneiden. Den Sellerie putzen, waschen und in Scheibchen schneiden.

2 Das Öl in einem Topf erhitzen, die Speckwürfel darin leicht anbraten. Das Gemüse dazugeben und mit anbraten, mit der Brühe ablöschen.

3 Gerstenkörner, Lorbeer und Thymian dazugeben, alles 15–20 Minuten leicht kochen lassen.

4 Lorbeer und Thymian entfernen, die Suppe mit Salz und Pfeffer herzhaft abschmecken und, mit Kräutern bestreut, servieren.

Brokkoli-Karfiol-Suppe

Zutaten für 4 Personen:

1 kleiner Karfiol
1 l Brühe
300 g Brokkoli
Salz
100 g Schlagrahm
schwarzer Pfeffer aus der Mühle
Muskatnuß
2 EL gehackte Nüsse

1 Den Karfiol waschen, putzen und kleinschneiden. Die Brühe in einem Topf aufkochen lassen, den Karfiol darin zugedeckt bei schwacher Hitze in etwa 15 Minuten garen.

2 Gleichzeitig den Brokkoli waschen und putzen, in kleine Röschen zerteilen. Wenig Salzwasser in einem Topf aufkochen lassen, den Brokkoli darin etwa 5 Minuten dünsten. Abtropfen lassen.

3 Den Karfiol mit der Brühe pürieren und wieder aufkochen lassen. Den Rahm und den Brokkoli unterrühren, die Suppe noch einmal aufkochen lassen und mit Salz, Pfeffer und Muskat abschmecken. Mit Nüssen bestreut servieren.

Frittatensuppe

Zutaten für 4 Personen:

1 kg Suppenknochen und -fleisch
1 Bund Suppengemüse (gelbe Rübe, Lauch, Sellerie)
1 Lorbeerblatt
1 EL schwarze Pfefferkörner
100 ml Milch
40 g Mehl
1 Ei
Salz, Pfeffer aus der Mühle
4 TL Butter
4 EL gehackte Petersilie

1 Die Suppenknochen und das -fleisch kalt abwaschen, in einen großen Topf geben. Etwa $1^1/_2$ l kaltes Wasser dazugießen. Das Suppengemüse putzen, waschen und grob zerkleinern, mit dem Lorbeer und den Pfefferkörnern in den Topf geben. Aufkochen, halb zugedeckt bei milder Hitze etwa 2 Stunden köcheln lassen.

2 Die Milch mit dem Mehl und dem Ei verquirlen, mit Salz und Pfeffer würzen. In einer Pfanne in wenig Butter zwei Pfannkuchen daraus backen. Die Pfannkuchen aufrollen und zugedeckt beiseite stellen.

3 Die Brühe abseihen und wieder aufkochen. Das Suppenfleisch kleinschneiden und wieder in die Brühe geben. Mit Salz, Pfeffer und Petersilie würzen.

4 Die Pfannkuchen in feine Streifen schneiden, in der Suppe servieren.

Kartoffelsuppe

Zutaten für 4 Personen:

300 g mehlig kochende Kartoffeln
2 kleine gelbe Rüben
100 g Sellerie
1 kleine Lauchstange
1 kleine Petersilienwurzel
2 EL Butter
$1^1/_2$ EL Mehl
1 l kräftige Brühe
$^1/_2$ TL getrockneter Majoran
Salz, Pfeffer aus der Mühle
100 g Champignons
100 g Mascarpone
4 EL gehackte Petersilie

1 Kartoffeln, gelbe Rüben, Sellerie, Lauch und die Petersilienwurzel waschen und putzen bzw. schälen. Alles kleinwürfeln und in 1 Eßlöffel Butter in einem Topf goldgelb anbraten.

2 Das Mehl mit anschwitzen, dann nach und nach unter Rühren die Brühe dazugießen. Mit Majoran, Salz und Pfeffer würzen und zugedeckt bei schwacher Hitze etwa 15 Minuten köcheln lassen.

3 Inzwischen die Champignons putzen und kurz waschen, in Scheiben schneiden. Die restliche Butter in einer Pfanne erhitzen, die Champignons goldbraun anbraten. Mit Salz und Pfeffer würzen.

4 Den Mascarpone unter die Suppe rühren und diese herzhaft abschmecken. Mit Champignons und Petersilie bestreut servieren.

Terlaner Weinsuppe mit Äpfeln

Zutaten für 4 Personen:

1 altbackene Semmel
2 EL Butter
2 kleine Äpfel
2 EL Zitronensaft
1/2 l kräftige Brühe
1/4 l trockener, kräftiger Weißwein
4 Eidotter
200 g Schlagrahm
Salz
schwarzer Pfeffer aus der Mühle
Zimtpulver

1 Die Semmel in kleine Würfel schneiden, in einer Pfanne in 1 Eßlöffel Butter goldbraun und knusprig rösten. Beiseite stellen. Die Äpfel vierteln, entkernen und schälen. In dicke Spalten schneiden, sofort mit Zitronensaft beträufeln und kurz in der Pfanne in der restlichen Butter schwenken. Ebenfalls beiseite stellen.

2 Brühe, Wein, Eidotter und den Schlagrahm in einem Topf verquirlen. Unter ständigem Rühren erhitzen, bis die Mischung leicht cremig geworden ist. Nicht kochen lassen.

3 Die Suppe mit Salz und Pfeffer abschmecken und auf Teller füllen, Semmelwürfel, Apfelspalten und jeweils 1 Prise Zimt darauf geben.

Gelbe-Rüben-Suppe mit Kräuternocken

Zutaten für 4 Personen:

Für die Suppe

400 g gelbe Rüben
150 g festkochende Kartoffeln
1 Zwiebel
1 EL Butter
1 EL Honig
3/4 l Brühe
Salz
schwarzer Pfeffer aus der Mühle
1–2 EL gemischte gehackte Kräuter und einige Borretschblüten zum Bestreuen

Für die Nocken

1/4 l Milch
2 TL Butter
50 g Weizengrieß
2 Eidotter
6 EL gehackte gemischte Kräuter

1 Für die Suppe die gelben Rüben und die Kartoffeln waschen, schälen und grob würfeln. Die Zwiebel schälen und hacken.

2 Die Butter in einem Topf leicht erhitzen, die Zwiebel-, Gelbe-Rüben- und Kartoffelwürfel darin rundherum anschwitzen. Den Honig dazugeben, dann alles mit der Brühe ablöschen. Die Suppe zugedeckt bei schwacher Hitze 15 bis 20 Minuten köcheln lassen, bis die Rüben und Kartoffeln weich sind.

3 Inzwischen für die Nocken die Milch in einem kleinen Topf aufkochen lassen, die Butter darin schmelzen. Den Grieß unter ständigem Rühren einrieseln lassen und bei schwacher Hitze dicklich werden lassen. Den Topf vom Herd nehmen, dann die Eidotter und die Kräuter gründlich unter den Grieß rühren.

4 Etwas Wasser aufkochen lassen. Von der Grießmasse mit zwei Teelöffeln Nocken abstechen und diese im heißen Wasser etwa 5 Minuten ziehen lassen.

5 Die Suppe glattpürieren und wieder aufkochen lassen, mit Salz und Pfeffer abschmecken. Die Nocken abtropfen lassen und in der Suppe servieren, mit einigen Kräutern und Borretschblüten bestreuen.

VARIANTE

Wenn es einmal schneller gehen soll, einfach geröstete Brotwürfelchen zum Servieren auf die Cremesuppe streuen.

Gelbe-Rüben-Suppe mit Kräuternocken

Waldarbeiterknödel mit Rucola

Zutaten für 4 Personen:

750 g gekochte Kartoffeln vom Vortag
200 g rohe Kartoffeln
1 Ei
3 EL Grieß
etwas zarten Rucola
Salz
frisch geriebene Muskatnuß
etwa 100 g Mehl
500 g Zwiebeln
75 g Tiroler Speck
2 EL Öl
schwarzer Pfeffer aus der Mühle

1 Die gekochten Kartoffeln schälen und durch die Kartoffelpresse drücken. Die rohen Kartoffeln schälen, waschen und fein reiben, mit den Händen oder einem sauberen Küchentuch gut ausdrücken.

2 Die gekochten und die rohen Kartoffeln, das Ei und den Grieß in einer Schüssel mischen. Den Rucola waschen, abtrocknen und hacken, zu den Kartoffeln geben. Mit Salz und etwas Muskat würzen und alles gründlich vermischen.

3 Nach und nach so viel Mehl dazugeben, bis der Kartoffelteig gut zusammenhält. Zugedeckt etwa 30 Minuten ruhen lassen.

4 Reichlich Salzwasser in einem breiten Topf aufkochen lassen. Die Hitze reduzieren, bis das Wasser gerade eben siedet. Einen kleinen Probeknödel formen und diesen in das Wasser geben. Fällt er auseinander, noch etwas Mehl zum Kartoffelteig geben.

5 Ansonsten mit bemehlten Händen kleine Knödel formen, diese in das Wasser geben und darin etwa 25 Minuten gar ziehen (nicht kochen) lassen.

6 Inzwischen die Zwiebeln schälen und in Scheiben schneiden. Den Speck kleinwürfeln. Beides zusammen mit dem Öl in eine Pfanne geben. Den Speck knusprig und die Zwiebeln gleichmäßig goldbraun braten. Mit Salz und Pfeffer würzen.

7 Die Knödel mit einer Schaumkelle aus dem Wasser heben, gut abtropfen lassen und zusammen mit den Speckzwiebeln servieren.

TIP

Statt mit dem feinwürzigen Rucola können Sie die Knödel auch mit Spinat, Mangold oder mit Wildkräutern zubereiten.

Überbackene Schupfnudeln

Zutaten für 4 Personen:

750 g mehlig kochende Kartoffeln
1 Ei
1 Eidotter
225 g Mehl (und Mehl zum Formen)
Salz
frisch geriebene Muskatnuß
500 g Tomaten
frisches Basilikum
250 g Mozzarella
Butter zum Braten

1 Die Kartoffeln waschen und in 25–35 Minuten garen. Abdampfen lassen, dann schälen und abkühlen lassen.

2 Die abgekühlten Kartoffeln durch die Presse drücken. Mit dem Ei, dem Eidotter, Mehl, Salz und Muskat zu einem glatten Teig verrühren.

3 Vom Kartoffelteig etwa kirschgroße Stücke abstechen, in Mehl wenden und zwischen den Handflächen spindelförmig ausrollen. Die fertigen Schupfnudeln nebeneinander auf die bemehlte Arbeitsfläche legen.

4 In einem großen Topf reichlich Salzwasser zum Kochen bringen. Etwa ein Drittel der Schupfnudeln hineingeben und nach dem Aufwallen bei milder Hitze etwa 2 Minuten ziehen lassen. Mit einem Schaumlöffel in ein Sieb heben, unter kaltem Wasser abschrecken und auf einem Küchentuch ausbreiten. Die übrigen Schupfnudeln portionsweise wie beschrieben garen.

5 Zum Servieren den Backofen auf 225 °C vorheizen. Die Tomaten waschen und ohne die Stielansätze in Spalten schneiden. Das Basilikum waschen, abtrocknen und grob hacken. Den Mozzarella in kleine Würfel schneiden.

6 Butter zum Braten in einer großen Pfanne erhitzen. Die Schupfnudeln darin goldbraun braten, zuletzt das Basilikum dazugeben.

7 Die Schupfnudeln und die Tomaten in eine breite Gratinform geben, den Mozzarella aufstreuen. Im Ofen in 15 Minuten goldbraun backen und, mit Basilikum garniert, servieren.

TIP

Statt die Schupfnudeln bis zum Kochen auf der bemehlten Arbeitsfläche liegen zu lassen, kann man sie auch auf Backpapier setzen. Zum Kochen müssen sie nicht einzeln in das Wasser gehoben werden, man kann sie dann mit dem Papier ins kochende Wasser tauchen. Die Schupfnudeln lösen sich sofort vom Papier, selbst wenn sie ein wenig angeklebt sind. Damit sie in drei Portionen gekocht werden können, entweder drei kleine Stücke Backpapier verwenden oder das Papier zwischen den Schupfnudeln durchschneiden.

Schweinsfilet mit Trauben

Zutaten für 4 Personen:

250 g weiße Weintrauben
250 g blaue Weintrauben
1 kleine Zwiebel
500 g Schweinsfilet
3 EL Öl
Salz
schwarzer Pfeffer aus der Mühle
1/8 l Brühe
200 g Mascarpone

1 Die Weintrauben waschen und abzupfen, halbieren und entkernen.

2 Die Zwiebel schälen und in kleine Würfel schneiden. Das Schweinsfilet waschen und abtrocknen.

3 Das Öl in einer Pfanne erhitzen, das Schweinsfilet darin rundherum scharf anbraten. Mit Salz und Pfeffer würzen und rundherum bei mittlerer Hitze etwa 10 Minuten braten.

4 Die Zwiebelwürfel dazugeben und goldgelb anbraten. Mit der Brühe ablöschen und aufkochen lassen.

5 Das Filet aus der Pfanne nehmen und zugedeckt warm stellen. Den Mascarpone in die Pfanne geben und mit der Brühe glattrühren, dann die Trauben dazugeben und kurz in der Sauce erwärmen.

6 Das Schweinsfilet in Scheiben schneiden, die Sauce abschmecken. Beides zusammen servieren.

Wildragout

Zutaten für 4 Personen:

600 g Wildgulasch
3 Zwiebeln
250 g gelbe Rüben
250 g Zucchini
3 EL Öl
Salz
schwarzer Pfeffer aus der Mühle
2 TL Mehl
1/4 l Wildfond oder Brühe
1/8 l Rotwein
100 g Schlagrahm
2 EL eingelegte Preiselbeeren

1 Das Wildgulasch waschen und abtrocknen, in kleine Würfel oder Streifen schneiden und dabei alle Sehnen und Häute entfernen.

2 Die Zwiebeln schälen und in Würfel schneiden. Die gelben Rüben waschen, schälen und in Scheiben schneiden. Die Zucchini waschen, putzen und stifteln.

3 Das Öl in einem breiten Schmortopf erhitzen. Das Fleisch darin rundherum scharf anbraten. Die Hitze reduzieren, dann die Zwiebelwürfel, die gelben Rüben und die Zucchini leicht mit anbraten. Mit Salz und Pfeffer würzen.

4 Das Mehl über das Fleisch stäuben und kurz mit anschwitzen. Unter Rühren mit dem Fond oder der Brühe ablöschen. Zugedeckt bei schwacher Hitze 45 Minuten schmoren.

5 Den Wein, den Rahm und die Preiselbeeren zum Ragout geben und alles noch etwa 15 Minuten kochen lassen. Vor dem Servieren herzhaft abschmecken.

SERVIERTIP

Zum Ragout schmecken Semmelknödel besonders gut, aber auch Polenta oder Schupfnudeln passen als Beilage.

Bauerngröstl mit Gemüse

Zutaten für 4 Personen:

600 g festkochende Kartoffeln
Salz
250 g Zwiebeln
1 kleiner Zucchino
1 kleine rote Paprikaschote
3 EL Olivenöl
500 g gekochtes Rindfleisch
schwarzer Pfeffer aus der Mühle
2–3 EL frische Majoran- oder Thymianblättchen
etwas Brühe

1 Die Kartoffeln gründlich waschen und abbürsten. Zugedeckt in wenig Salzwasser garen, dann abgießen, noch heiß schälen und abkühlen lassen.

2 Die Zwiebeln schälen und in kleine Würfel schneiden. Den Zucchino waschen und in Scheiben schneiden. Die Paprikaschote halbieren, von Trennhäutchen, Kernen und dem Stielansatz befreien und in Streifen schneiden.

3 Das Rindfleisch in dünne Scheiben und dann in breite Streifen schneiden. Die abgekühlten Kartoffeln in Scheiben schneiden.

4 Das Öl in einer breiten Pfanne erhitzen, die Zwiebelwürfel darin goldgelb anbraten. Das Fleisch dazugeben, dann auch die Kartoffeln und das Gemüse. Mit Salz, Pfeffer und Majoran- oder Thymianblättchen würzen und alles bei mittlerer Hitze etwa 15 Minuten braten, bis die Kartoffeln braun werden.

5 Mit wenig Brühe aufgießen, noch kurz durchschwenken und abschmecken.

SERVIERTIP

Zu dem Gröstl am besten einen gemischten Salat servieren.

INFO

Dies ist eine leichte, vitaminreiche Variante des klassischen Bauerngröstls.

Bauerngröstl mit Gemüse

Schwarzplentene Spatzln mit Pilzragout

Zutaten für 4 Personen:

Für die Spatzln

200 g Schwarzplentenmehl (Buchweizenmehl)
100 g Weizenmehl
Salz
frisch geriebene Muskatnuß
3 Eier
3 EL Öl
etwa 1/8 l Wasser

Für das Pilzragout

800 g gemischte Pilze
100 g Speck
2 Zwiebeln
1 EL Öl
1 EL Butter
2 EL Mehl
1/4 l trockener Weißwein
100 g Schlagrahm
Salz
schwarzer Pfeffer aus der Mühle
frischer Thymian

1 Für die Spatzln alle Zutaten zu einem glatten Teig verkneten. Zugedeckt mindestens 30 Minuten ruhen lassen.

2 Inzwischen für das Ragout die Pilze putzen, mit einem feuchten Tuch abreiben und kleinschneiden. Den Speck kleinwürfeln. Die Zwiebeln schälen und ebenfalls kleinwürfeln.

3 Das Öl in einem Topf erhitzen, den Speck ausbraten und die Zwiebelwürfel glasig werden lassen. Die Butter dazugeben und erhitzen, die Pilze darin anbraten. Mit Mehl bestäuben, dann mit dem Wein ablöschen. Den Rahm unterrühren, alles mit Salz, Pfeffer und Thymian würzen und bei schwacher Hitze köcheln lassen.

4 Gleichzeitig in einem großen Topf reichlich Salzwasser zum Kochen bringen. Den Teig noch einmal durchrühren und als Spatzln hineingeben (mit Spatzlsieb/-hobel oder vom Brett schaben). Sobald die Spatzln oben schwimmen, mit einem Schaumlöffel herausheben und gut abtropfen lassen.

5 Das Pilzragout abschmecken, mit den Spatzln servieren und mit Thymian bestreuen.

TIP

Spatzln, ob aus Schwarzplentenmehl oder Weizenmehl zubereitet, lassen sich sehr gut einfrieren und so etwa 6 Monate lang aufbewahren. Lassen Sie sie nach dem Garen sehr gut abtropfen, und frieren Sie sie auf einem Brett oder kleinen Tablett 1–2 Stunden lang vor. Wenn Sie sie erst dann in Gefrierbeutel oder -dosen verpacken, können Sie bei Bedarf jede beliebige Menge entnehmen.

INFO

Die Spatzln werden in Südtirol auch einfach in brauner Butter geschwenkt oder in reichlich ausgebratenem Speck gewendet und, mit geriebenem Parmesan bestreut, serviert.

Steinpilzgulasch

Zutaten für 4 Personen:

600 g Kalbfleisch (z. B. aus der Schulter)
300 g Zwiebeln
2 EL Öl
1 TL Mehl
200 ml Brühe
Salz
schwarzer Pfeffer aus der Mühle
2 EL frische Thymianblättchen (und Thymian zum Bestreuen)
etwas abgeriebene Zitronenschale (von einer unbehandelten Frucht)
350 g Steinpilze
1 EL Butter
125 g Schlagrahm

1 Das Fleisch waschen, abtrocknen und mundgerecht würfeln. Die Zwiebeln schälen und kleinwürfeln.

2 Das Öl in einem Schmortopf erhitzen. Die Fleischwürfel rundherum braun anbraten, zuletzt auch die Zwiebelwürfel dazugeben und etwas Farbe annehmen lassen.

3 Das Mehl darüberstäuben und goldgelb anbraten, mit der Brühe ablöschen. Mit Salz, Pfeffer, Thymian und Zitronenschale würzen, alles fest zugedeckt bei schwacher Hitze etwa 75 Minuten schmoren lassen.

4 Inzwischen die Pilze putzen, vorsichtig waschen und kleinschneiden. In heißer Butter unter Rühren einige Minuten anbraten und würzen.

5 Die Pilze zum Fleisch in den Topf geben. Den Rahm angießen und alles

verrühren, noch kurz durchkochen und mit Salz und Pfeffer herzhaft abschmecken. Mit frischem Thymian bestreut servieren.

SERVIERTIP

Zum Gulasch am besten Semmelknödel oder Nudeln reichen. Gut passen auch die schwarzplentenen Spatzln.

VARIANTEN

Statt Kalbfleisch können Sie für das Gulasch auch Rind- oder Schweinefleisch verwenden – die Zubereitung ändert sich dabei nicht. Eine etwas kürzere Schmorzeit ist ausreichend, wenn Sie Truthahn- oder Hähnchenfleisch verwenden, in diesem Fall genügen etwa 45 Minuten.

Die Steinpilze können Sie natürlich auch durch andere Pilze ersetzen, etwa durch gesammelte Waldpilze aller Art. Auch gekaufte Zuchtpilze eignen sich, allerdings steckt in denen meist nicht so viel Aroma.

Gebratene Salbei-Steinpilze

Zutaten für 4 Personen:

600 g Steinpilze (oder eine Mischung aus verschiedenen Waldpilzen)
75 g Räucherschinken
frischer Salbei
1 EL Butter
5 EL Olivenöl
3 Knoblauchzehen
Salz
schwarzer Pfeffer aus der Mühle

1 Die Pilze putzen, eventuell vorsichtig waschen und wieder abtrocknen. In Streifen schneiden. Den Schinken ebenfalls in Streifen schneiden.

2 Den Salbei waschen, abtrocknen und grob zerschneiden.

3 Die Butter und das Öl in einer großen Pfanne leicht erhitzen, die Pilze darin rundherum anbraten. Den Knoblauch schälen und dazupressen.

4 Den Schinken und den Salbei dazugeben, mit Salz und Pfeffer würzen und alles noch kurz braten. Abschmecken und sofort servieren.

SERVIERTIP

Wenn Sie die Steinpilze als Vorspeise oder kleines Abendessen servieren, paßt als schnelle, unkomplizierte Beilage helles Bauernbrot am besten. Stehen die Pilze jedoch im Mittelpunkt eines Mittagessens, sollten Sie Spinat- oder Semmelknödel dazu reichen.

VARIANTE

Gut schmecken die Steinpilze auch mit Basilikum oder einer bunten Kräutermischung. Wenn Sie gerne Rahm zum Kochen verwenden, können Sie ein wenig davon zu den Pilzen geben und so für Cremigkeit sorgen.

Geschmortes Kaninchen

Zutaten für 4 Personen:

1 großes Kaninchen (etwa 1,8 kg)
6 EL Olivenöl
schwarzer Pfeffer aus der Mühle
5 Knoblauchzehen
6 Zweige frischer Rosmarin
2 rote Paprikaschoten
500 g Zwiebeln
Salz
200 ml Brühe
1/4 l trockener Rotwein
2 EL Tomatenmark

1 Das Kaninchen waschen und sorgfältig von der Silberhaut befreien. Abtrocknen und in Portionsstücke teilen.

2 4 Eßlöffel Olivenöl in einer großen Schüssel mit Pfeffer verrühren. Den Knoblauch schälen und fein hacken oder zerdrücken, die Rosmarinnadeln von den Zweigen streifen und fein hacken. Den Knoblauch und den Rosmarin unter das Olivenöl rühren, die Kaninchenteile darin wenden. Zugedeckt im Kühlschrank mindestens 2 Stunden marinieren.

3 Die Paprikaschoten putzen, waschen und kleinwürfeln. Die Zwiebeln schälen und in Spalten schneiden.

4 Das restliche Öl in einem breiten Schmortopf erhitzen. Die Kaninchenteile darin rundherum anbraten, danach salzen.

Geschmortes Kaninchen

5 Die Zwiebeln zum Kaninchen geben und etwas Farbe annehmen lassen, dann die Paprikastücke dazugeben und kurz mit anbraten.

6 Die Brühe und den Wein angießen, das Tomatenmark einrühren. Kaninchen und Gemüse fest zugedeckt bei milder Hitze etwa 40 Minuten schmoren lassen.

SERVIERTIP

Zum Kaninchen passen Polenta und Reis gleichermaßen.

Gefüllte Paprikaschoten

Zutaten für 4 Personen:

Salz
150 g Polenta (Maisgrieß)
4 große rote Paprikaschoten
3 große reife Fleischtomaten
2 EL frische Oreganoblättchen
schwarzer Pfeffer aus der Mühle
200 ml Brühe
200 g geriebener Provolone oder Fontina

Außerdem
Olivenöl für die Form

1 Etwa 1 1/2 l Wasser in einem Topf aufkochen lassen. 1 Teelöffel Salz hineingeben. Unter ständigem Rühren die Polenta einrieseln lassen. Bei schwacher Hitze und unter häufigem Rühren köcheln lassen, bis ein fester Brei entstanden ist. Dann den Topf von der Kochstelle nehmen.

2 Inzwischen die Paprikaschoten längs halbieren, von Trennhäutchen und Kernen befreien und waschen. Bei jeder Hälfte an den runden Seiten eine dünne Scheibe abschneiden, damit die Hälften gerade stehen bleiben.

3 Den Backofen auf 200 °C vorheizen. Eine breite Gratinform mit Olivenöl einpinseln.

4 Die Tomaten waschen, von den Stielansätzen befreien, kleinwürfeln und in die Form geben, mit Oregano, Salz und Pfeffer würzen. Die Paprikaschoten mit der Polentamasse füllen und in die Form setzen.

5 Die Brühe angießen, die gefüllten Paprikaschoten im Ofen etwa 20 Minuten garen.

6 Die Form aus dem Ofen nehmen und die Tomaten umrühren. Die Paprikaschoten mit Brühe aus der Form beträufeln. Alles weitere 20 Minuten garen, dabei die Paprikaschoten noch zweimal mit Brühe aus der Form beträufeln.

7 Den Käse gleichmäßig über die Paprikaschoten streuen und alles noch etwa 5 Minuten überbacken, bis der Käse geschmolzen ist.

VARIATIONEN

Statt mit Polenta können die Paprikaschoten auch mit einer pikanten Hackfleischmischung oder mit Tomatenreis gefüllt werden.

Linguine mit Radicchio und Kartoffeln

Zutaten für 4 Personen:

1 kleiner Radicchio
200 g Rucola
3 Zwiebeln
2 große festkochende Kartoffeln
¹/₄ l Brühe
Salz
schwarzer Pfeffer aus der Mühle
400 g Linguine
75 g Bergkäse
75 g frische Nüsse

1 Den Radicchio waschen, putzen und in schmale Streifen schneiden. Den Rucola waschen, verlesen und hacken.

2 Die Zwiebeln schälen und halbieren, in Scheiben schneiden, die Scheiben in halbe Ringe teilen.

3 Die Kartoffeln schälen und waschen. Erst in dünne Scheiben, diese dann in schmale Streifen schneiden.

4 Die Brühe in einem Topf aufkochen, die Zwiebeln und die Kartoffeln darin zugedeckt bei schwacher Hitze 15 Minuten köcheln lassen. Mit Salz und Pfeffer herzhaft würzen.

5 Gleichzeitig die Linguine in reichlich Salzwasser al dente kochen. In ein Sieb abgießen und gut abtropfen lassen.

6 Den Radicchio und den Rucola zu den Kartoffeln geben, noch einmal aufkochen lassen. In eine große Schüssel umfüllen, die Nudeln dazugeben und alles vermengen.

7 Den Käse raspeln und die Nüsse grob hacken. Die Nudeln auf Teller umfüllen und mit dem geriebenen Käse und den Nüssen bestreuen.

VARIANTE

Die Kombination von Nudeln, Kartoffeln und Radicchio schmeckt auch gut, wenn Sie sie nicht mit geriebenem Käse bestreuen, sondern etwa 100 g Gorgonzola unter die heißen Nudeln mischen und ihn dadurch schmelzen lassen.

Tagliatelle mit Nüssen

Zutaten für 4 Personen:

400 g Tagliatelle
Salz
2 rote Chilischoten
2 rote Zwiebeln
4 Knoblauchzehen
50 g Butter
3 EL Olivenöl
75 g Pignoli (Pinienkerne)
75 g frische Nüsse
schwarzer Pfeffer aus der Mühle
gehobelter oder geriebener Parmesan
frisches Basilikum

1 Die Tagliatelle in reichlich kochendem Salzwasser al dente garen.

2 Gleichzeitig die Chilischoten aufschlitzen, entkernen und waschen, in feine Streifen schneiden. Die Zwiebeln schälen und vierteln, die Viertel quer in schmale Scheiben schneiden. Die Knoblauchzehen schälen und in dünne Scheiben schneiden.

3 Die Butter und das Olivenöl in einer großen Pfanne leicht erhitzen. Chili, Zwiebeln und Knoblauch dazugeben und leicht anbraten.

4 Die Pignoli, die Nüsse und etwas fein geschnittenes Basilikum ebenfalls dazugeben, alles vermischen und mit Salz und Pfeffer kräftig würzen.

5 Die Tagliatelle in ein Sieb abgießen und sehr gut abtropfen lassen, in der Pfanne mit der Nußmischung vermengen.

6 Die Nudeln auf Teller umfüllen und, mit Parmesan bestreut und mit Basilikum garniert, servieren.

TIP

Frische Nüsse gibt es nur wenige Wochen im Jahr. Greifen Sie unbedingt zu, oder gehen Sie selbst auf die Suche. Aber natürlich können Sie auch abgepackte Nußhälften kaufen. Bitte rasch verbrauchen, Nüsse werden schnell ranzig.

Tagliatelle mit Nüssen

Kastanienkoch

Zutaten für 4 Personen:

250 g Kastanien
1/8 l Milch
75 g weiche Butter
(und Butter für die Förmchen)
5 Eidotter
3 Eiweiß
50 g Zucker

1 Den Backofen auf 225 °C vorheizen. Die Kastanien waschen, mit einem scharfen Messer über Kreuz einritzen und im Ofen 20–30 Minuten backen, bis die Schalen aufplatzen.

2 Die Kastanien etwas abkühlen lassen, dann schälen und in der Milch zugedeckt bei schwacher Hitze weich kochen.

3 Die Kastanien abtropfen lassen und pürieren oder durch ein Sieb streichen. Etwa 150 g davon abwiegen.

4 Die Butter in einer Schüssel gut cremig rühren. Nacheinander Eidotter, dann das Kastanienpüree unterrühren. Das Eiweiß zu steifem Schnee schlagen, dabei den Zucker einrieseln lassen. Unter die Kastaniencreme heben.

5 Vier feuerfeste Förmchen fetten, die Kastanienmasse hineinfüllen. Mit gefetteter Alufolie verschließen und nebeneinander in einen Schmortopf mit geradem Boden stellen. So viel heißes Wasser in den Schmortopf gießen, bis die Förmchen zu zwei Dritteln darin stehen.

6 Den Schmortopf bei 200 °C in den Ofen stellen. Den Kastanienkoch etwa 40 Minuten backen, dann aus den Förmchen stürzen und warm mit Apfelkompott oder Vanillesauce (siehe Seite 79) servieren.

Apfelkompott

Zutaten für 4 Personen:

1 Zitrone (mit unbehandelter Schale)
600 g säuerliche Äpfel
2 EL Zucker
50 ml halbtrockener oder fruchtiger Weißwein
1 Prise Zimtpulver

1 Die Zitrone heiß abwaschen und abtrocknen. Die Schale abreiben und den Saft auspressen. Beides in einen Topf geben.

2 Die Äpfel vierteln, entkernen und schälen, die Viertel quer in Spalten schneiden. Sofort in dem Zitronensaft wenden.

3 Den Zucker und den Wein dazugeben, die Äpfel zugedeckt einige Minuten kochen lassen. Nach Belieben kräftig durchrühren und dadurch zermusen. Das Kompott mit Zimt würzen und abkühlen lassen.

Rotweinbirnen

Zutaten für 4 Personen:

1/4 l trockener Rotwein
3 EL Marsala
2 EL Zucker
1 Zimtstange
ein Stück Zitronenschale (unbehandelt)
4 reife, feste Birnen
2 Eidotter
2 EL Nüsse

1 In einem kleinen hohen Topf den Rotwein mit dem Marsala, dem Zucker, der Zimtstange und der Zitronenschale zum Kochen bringen.

2 Die Birnen schälen, dabei die Stiele nicht entfernen. Die Früchte nebeneinander in den Topf stellen und fest zugedeckt bei schwacher Hitze etwa 15 bis 20 Minuten dünsten. Sie sollen weich werden, aber nicht zerfallen. Zwischendurch mehrmals Wein über die Früchte träufeln.

3 Die Birnen in Dessertschälchen setzen. Die Eidotter in einer Wasserbadschüssel mit dem Weinsirup schaumig aufschlagen und über die Birnen träufeln. Die Nüsse grob hacken und darauf streuen, das Dessert sofort servieren.

Apfelküchl

Zutaten für 4 Personen:

1 Ei
1 EL Zucker
100 ml Milch
1 Prise Salz
1 TL Öl
125 g Mehl
1/2 TL Backpulver
2 säuerliche Äpfel (je 150 g)
Saft von 1/2 Zitrone
reichlich Öl zum Ausbacken

1 Das Ei mit Zucker, Milch, Salz und Öl gründlich verquirlen. Das Mehl mit dem Backpulver mischen und unterrühren. Den Teig etwa 30 Minuten quellen lassen.

2 Das Öl zum Ausbacken in einer Friteuse oder in einem Topf auf 180 °C erhitzen.

3 Die Äpfel schälen, die Kerngehäuse vorsichtig ausstechen. Die Früchte in 1 cm dicke Scheiben schneiden und sofort mit Zitronensaft beträufeln.

4 Portionsweise die Apfelringe durch den Teig ziehen und, in dem heißen Fett schwimmend, von beiden Seiten goldbraun ausbacken.

5 Fertige Apfelküchl mit einer Schaumkelle aus dem Fett heben und auf Küchenpapier gut abtropfen lassen. Warm halten, während die anderen Küchl gebacken werden. Die Küchl mit Zimt und Zucker bestreuen und mit Vanilleeis oder Vanillesauce (siehe Seite 79) servieren.

Apfelstrudel

Zutaten für 8–10 Personen:

Für den Teig

250 g Mehl (und Mehl zum Ausrollen)
1 Ei
1 Prise Salz
2 EL Öl

Für die Füllung

2 Zitronen (mit unbehandelter Schale)
1,5 kg säuerliche Äpfel
200 g Löffelbiskuits
100 g zerlassene Butter
75 g Zucker
100 g Pignoli (Pinienkerne) oder Mandelstifte
1 EL Vanillezucker
1 TL Zimtpulver

Außerdem

Staubzucker zum Bestreuen

1 Aus Mehl, Ei, Salz, Öl und etwa 100 ml lauwarmem Wasser einen glatten, elastischen Strudelteig kneten. Dabei eventuell noch einige Tropfen Wasser oder etwas Mehl dazugeben, wenn der Teig noch nicht zusammenhält. Er soll aber nicht klebrig werden.

2 Den Teig zur Kugel formen und unter einem feuchten Tuch, oder in Klarsichtfolie gehüllt, mindestens ½ Stunde ruhen lassen.

3 Inzwischen die Zitrone heiß abwaschen und abtrocknen. Die Schale abreiben und den Saft auspressen, beides mischen. Die Äpfel vierteln, schälen, entkernen und quer in dünne Spalten schneiden, sofort in dem Zitronensaft wenden. Die Löffelbiskuits zerbröseln.

4 Den Backofen auf 200 °C vorheizen. Den Teig hauchdünn ausziehen. Mit der Hälfte der Butter bestreichen, die Löffelbiskuits aufstreuen.

5 Die Äpfel abtropfen lassen und gleichmäßig auf dem Teig verteilen. Zucker, Pignoli oder Mandeln, Vanillezucker und Zimt aufstreuen.

6 Den Strudel mit Hilfe des Tuches aufrollen, dabei die Teigränder nach innen einschlagen. Auf ein mit Backpapier belegtes oder gefettetes Backblech heben und mit der restlichen zerlassenen Butter bestreichen. Etwa 45 Minuten backen und, mit Staubzucker bestreut, servieren. Vanilleeis oder Vanillesauce dazu reichen.

Vanilleeis

Zutaten für 8–10 Personen:

2 Vanilleschoten
400 g Schlagrahm
100 g Zucker
1 Prise Salz
200 g Crème double (dicker süßer Rahm)

1 Die Vanilleschoten längs aufschlitzen, das Mark mit einem spitzen Messer herauskratzen.

2 Vanilleschoten, Vanillemark, Rahm, Zucker und Salz in einem breiten Topf erwärmen. Unter Rühren den Zucker schmelzen lassen. Den Topf vom Herd nehmen und den Vanillerahm abkühlen lassen.

3 Die Vanilleschoten aus dem Rahm entfernen, die Crème double unterrühren. Die Masse in eine gefrierbeständige Schüssel umfüllen und für mindestens 4 Stunden zugedeckt in das Tiefkühlgerät stellen.

TIP

Dies ergibt ein ganz besonders cremiges Eis. Wenn Sie Crème double nicht bekommen, können Sie sie durch Mascarpone ersetzen. Oder Sie bereiten ein Vanilleeis aus Eidottern und steif geschlagenem Rahm zu, wie im Rezept auf Seite 56 beschrieben.

Vanillesauce

Zutaten für 8–10 Personen:

2 Vanilleschoten
¾ l Milch
100 g Zucker
1 Prise Salz
2 EL Kartoffelstärke
4 Eidotter

1 Die Vanilleschoten längs aufschlitzen, das Mark mit einem spitzen Messer herauskratzen.

2 Vanilleschoten, Vanillemark, Milch, Zucker und Salz in einem breiten Topf erhitzen, 15 Minuten ziehen lassen.

3 Die Kartoffelstärke in einer Tasse mit etwas kaltem Wasser glattrühren. Zur Vanillemilch gießen und diese unter Rühren aufkochen lassen. Vom Herd ziehen und die Vanilleschoten entfernen, dann die Eidotter kräftig unterrühren.

Feigen in Muskatellergelee

Zutaten für 4 Personen:

½ l Rosenmuskateller
1 TL Agar-Agar
4 frische Feigen
100 g Schlagrahm
1 Päckchen Vanillinzucker

1 In einer Tasse 3 Eßlöffel Wein und Agar-Agar verquirlen. Den restlichen Wein zum Kochen bringen, Agar-Agar einrühren und unter Rühren etwa 2 Minuten kochen lassen.

2 Die Feigen waschen und in Spalten schneiden, in 4 Dessertschälchen legen. Den Wein darüber gießen, im Kühlschrank gelieren lassen.

3 Zum Servieren den Rahm steif schlagen, mit Vanillinzucker süßen und auf das Weingelee spritzen.

INFO

Agar-Agar ist ein aus Meeresalgen gewonnenes Geliermittel. Es ersetzt bei diesem Dessert die sonst meist übliche Gelatine, die in Verbindung mit den Feigen jedoch nicht fest wird.

TIP

Statt mit dem feinwürzigen Rosenmuskateller können Sie das Gelee auch mit einem anderen fruchtigen Wein zubereiten, etwa mit einem lieblichen Traminer.

Feigen in Muskatellergelee

Traubenknödel

Zutaten für 4 Personen:

¼ l Wasser
1 Prise Salz
40 g Butter
150 g Mehl
50 g gemahlene Mandeln
2 Eier
125 g Marzipan
2 EL Staubzucker
12 große blaue Weintrauben (etwa 125 g)

Außerdem

Mehl zum Formen
50 g Butter
75 g gehackte Mandeln
2 EL Staubzucker

1 In einem Topf das Wasser mit dem Salz und der Butter erhitzen, bis die Butter geschmolzen ist. Die Mischung aufkochen lassen, dann das Mehl und die gemahlenen Mandeln dazuschütten. Den Teig gründlich verrühren und unter ständigem Rühren zu einem Kloß abbrennen, bis sich am Topfboden eine dünne weiße Schicht gebildet hat.

2 Den Topf vom Herd nehmen, ein Ei gründlich unter den Teig rühren. Dann auch das zweite Ei gründlich unterrühren. Den Teig abkühlen lassen.

3 Das Marzipan weichkneten. Klarsichtfolie mit Staubzucker bestreuen, das Marzipan darauf dünn ausrollen.

4 Die Weintrauben waschen und von den Stielen zupfen, gut abtrocknen und einzeln in Marzipan hüllen.

5 Den abgekühlten Brandteig in 12 Portionen teilen. Jede Portion mit bemehlten Händen zu einem Knödel formen, dabei jeweils eine umhüllte Traube in die Mitte geben.

6 Leicht gesalzenes Wasser in einem breiten Topf aufkochen lassen. Die Hitze so weit reduzieren, daß das Wasser gerade eben siedet. Die Knödel hineingeben und etwa 20 Minuten ziehen lassen.

7 Die Butter in einer kleinen Pfanne aufschäumen lassen. Die gehackten Mandeln darin goldbraun rösten.

8 Die Knödel mit einer Schaumkelle aus dem Wasser heben und sehr gut abtropfen lassen. Mit den gerösteten Mandeln und mit Staubzucker bestreut servieren.

Winter

Das Jahr neigt sich dem Ende, Schnee umhüllt die Berge. In der Küche geht es nun kräftiger zu, die Speisen wärmen uns von innen. Suppe mit Kraut oder Knödeln, pikanter Kaiserschmarrn und würzige Polenta, Zwiebelrostbraten und Rehragout, Scheiterhaufen und Dampfnudeln. Klassisches ist jetzt Trumpf. Kurzum: Der Winter lädt zum Genießen ein.

Winter

Sauerkrautsuppe

Zutaten für 4 Personen:

1 große Zwiebel
2 EL Butter
1 EL Mehl
1¼ l kräftige Gemüse- oder Fleischbrühe
250–300 g Sauerkraut
Salz
schwarzer Pfeffer aus der Mühle
Kümmel
2 Scheiben Bauernbrot
1 kleine Knoblauchzehe
125 g Sauerrahm
½ Bund Petersilie

1 Die Zwiebel schälen und fein würfeln. 1 Eßlöffel Butter in einem großen Topf erhitzen, die Zwiebeln darin glasig werden lassen.

2 Das Mehl über die Zwiebeln stäuben und goldgelb anschwitzen, dann nach und nach unter Rühren mit der Brühe ablöschen.

3 Das Sauerkraut nach Belieben abspülen und kleinschneiden, in die Suppe geben. Mit Salz, Pfeffer und etwas Kümmel würzen und zugedeckt etwa 20 Minuten bei schwacher Hitze köcheln lassen.

4 Inzwischen das Brot kleinwürfeln. Den übrigen Eßlöffel Butter in einer Pfanne erhitzen, die Brotwürfel darin goldbraun rösten. Den Knoblauch schälen und dazupressen.

5 Den Sauerrahm unter die Suppe rühren und diese herzhaft abschmecken.

6 Die Petersilie waschen, abtrocknen und hacken, zusammen mit den Brotwürfeln zum Servieren auf die Suppe streuen.

VARIANTE

Für einen noch herzhafteren Wintergenuß zuerst etwa 100 g kleingewürfelten Speck in der heißen Butter ausbraten, in dem Speckfett die Zwiebeln und das Sauerkraut anschwitzen. Wenn Sie Speck verwenden, mit zusätzlichem Salz sparsam umgehen, im Speck steckt bereits reichlich davon.

Speckknödelsuppe

Zutaten für 6 Personen:

150 g altbackene Semmeln (oder Knödelbrot)
100 g durchwachsener Speck
1 kleine Zwiebel
4 EL gehackte Petersilie
2 kleine Eier
100 ml Milch
1–2 EL Mehl
1 EL weiche Butter
Salz, getrockneter Majoran
1½ l heiße Brühe

1 Die Semmeln in etwa 1 cm große Würfel schneiden und in eine Schüssel geben.

2 Den Speck kleinwürfeln und in einer Pfanne bei mittlerer Hitze auslassen. Die Zwiebel schälen und ebenfalls fein würfeln, zum Speck geben und glasig werden lassen, dann 2 Eßlöffel Petersilie dazugeben. Diese Mischung zu den Semmeln geben.

3 Die Eier mit der Milch verquirlen und über die Semmeln gießen. Das Mehl und die Butter dazugeben, alles mit Salz und Majoran würzen, gründlich vermischen, zusammendrücken und etwa 30 Minuten ruhen lassen.

4 In einem großen Topf reichlich Salzwasser zum Kochen bringen. Die Hitze reduzieren, bis das Wasser nur noch siedet, aber nicht mehr sprudelnd kocht.

5 Zuerst einen kleinen Probeknödel formen und in das Wasser geben. Fällt er auseinander, noch etwas mehr Mehl unter die Knödelmasse mischen. Ist er zu fest, noch etwas Milch untermischen.

6 Dann mit angefeuchteten Händen aus der Knödelmasse 6 Knödel formen. In das Wasser geben und darin in etwa 15 Minuten garen. Mit einem Schaumlöffel herausheben und auf Teller geben, mit der heißen Brühe übergießen und, mit der restlichen Petersilie bestreut, servieren.

TIP

Die Speckknödel schmecken nicht nur als Suppeneinlage. Sie können ebensogut als Beilage zum Sonntagsbraten oder, zusammen mit einer würzigen Kräuter- oder Tomatensauce, als kleines Abendessen serviert werden.

Speckknödelsuppe

Suppe mit Leberknödelchen

Zutaten für 6 Personen:

2 altbackene Semmeln (etwa 80 g)
6 EL lauwarme Milch
2 Schalotten
1 EL Butter
1 EL gehackte Petersilie
100 g Rinderleber
1 kleines Ei
1/4 TL Majoran (frisch oder getrocknet)
Salz
schwarzer Pfeffer aus der Mühle
eventuell 1–2 EL Semmelbrösel
1 1/4 l Brühe
1 Bund Schnittlauch

Siffian am Ritten mit Blick zum Schlern.

1 Die Semmeln kleinwürfeln und mit der lauwarmen Milch beträufeln, etwa 1/2 Stunde einweichen.

2 Die Schalotten schälen und kleinwürfeln. Die Butter in einer Pfanne erhitzen, die Schalotten darin glasig werden lassen. Die Petersilie dazugeben.

3 Die Leber durch den Fleischwolf drehen, fein schaben oder im Zerhacker fein zerkleinern. In einer Schüssel mit den Petersilienschalotten, dem Ei und dem Majoran mischen. Die Semmeln gut ausdrücken und dazugeben. Alles gründlich vermengen und mit Salz und Pfeffer kräftig würzen.

4 Reichlich Salzwasser aufkochen lassen. Die Hitze reduzieren, bis das Wasser gerade eben köchelt. Aus der Lebermasse einen kleinen Probeknödel formen und diesen in das Wasser geben. Zerfällt er, die Semmelbrösel unter die Lebermasse mischen. Zudem den Probeknödel probieren, eventuell die Lebermasse nachwürzen.

5 Dann mit nassen Händen kleine Knödelchen aus der Masse formen, diese in das Wasser geben und darin in etwa 15 Minuten gar ziehen lassen.

6 Gleichzeitig die Brühe aufkochen lassen und herzhaft abschmecken. Den Schnittlauch waschen, abtrocknen und in Röllchen schneiden.

7 Die Knödelchen mit einer Schaumkelle aus dem Wasser heben und in die Suppe geben, diese mit den Schnittlauchröllchen bestreuen.

TIP

Die Leberknödelchen lassen sich sehr gut einfrieren und so etwa 3 Monate lang aufbewahren. Bereiten Sie doch gleich die doppelte Menge zu. Der Aufwand erhöht sich nur unwesentlich, und Sie haben auf diese Art gleich einen Vorrat für eine weitere wärmende Wintersuppe.

Brotsuppe

Zutaten für 4 Personen:

2 Zwiebeln
2 EL Butter
1 Knoblauchzehe
Salz
schwarzer Pfeffer aus der Mühle
etwas Kümmel
150 g altbackenes Bauernbrot
1 l kräftige Brühe
1 Bund Schnittlauch

1 Die Zwiebeln schälen und in kleine Würfel schneiden. Die Butter in einem Topf aufschäumen lassen, die Zwiebeln hineingeben. Den Knoblauch schälen und dazupressen. Das Gemüse mit Salz, Pfeffer und Kümmel würzen und die Zwiebeln bei mittlerer Hitze goldbraun braten.

2 Das Bauernbrot in dünne Scheiben schneiden und im heißen Ofen oder im Toaster rösten. Die Scheiben in tiefe Teller oder eine Suppenterrine legen.

3 Die Brühe aufkochen lassen und herzhaft abschmecken. Den Schnittlauch waschen, abtrocknen und in Röllchen schneiden.

4 Die heiße Brühe über die Brotscheiben gießen. Die Zwiebeln und den Schnittlauch darauf geben.

TIP

Für eine selbstgekochte Brühe etwa 500 g Suppenfleisch sowie 300 g Knochen mit Suppengemüse (gelbe Rübe, Lauch, Sellerie), Lorbeer, Zwiebel und Pfefferkörnern aufkochen, 2 Stunden leicht kochen lassen. Dann abseihen.

VARIANTEN

Sie können das altbackene Brot ebensogut in kleine Würfel schneiden und diese in heißer Butter rundherum goldbraun braten. Nach Belieben 1–2 Knoblauchzehen dazupressen und so das Aroma des Brotes verstärken.

Wer eine vitaminreichere Suppe anbieten möchte, gart kleingewürfeltes Gemüse, z. B. gelbe Rüben, Lauch und Sellerie, in der heißen Brühe. Das Gemüse dabei nur gerade eben bißfest garen, dann schmeckt es am besten und ist zudem am gesündesten.

Blick von Steinegg zur Rosengartengruppe.

Salatteller mit gebratenem Rindsfilet

Zutaten für 4 Personen:

Für den Salat

1 Handvoll Feldsalat
1 Radicchiosalat
einige Blätter Lollo rosso oder Lollo bianco
125 g Mozzarella
250 g Rindsfilet
1 EL Olivenöl
Salz
schwarzer Pfeffer aus der Mühle

Für das Dressing

1 kleine rote Paprikaschote
1 kleine Zwiebel
3 EL Balsamessig
Salz
schwarzer Pfeffer aus der Mühle
7 EL Olivenöl

1 Für das Dressing die Paprikaschote waschen, putzen und in winzig kleine Würfel schneiden. Die Zwiebel schälen und ebenfalls kleinwürfeln. Beides mit Essig, Salz und Pfeffer verquirlen, dann das Olivenöl gründlich unterschlagen. Das Dressing herzhaft abschmecken.

2 Die Salate waschen, verlesen, putzen und mundgerecht zerzupfen. Trockenschwenken und in der Paprikavinaigrette wenden. Den Mozzarella abtropfen lassen und kleinwürfeln, unter den Salat mischen. Auf Teller verteilen.

3 Das Rindsfilet waschen, abtrocknen und in Streifen schneiden. Das Öl in einer Pfanne erhitzen, die Streifen darin bei starker Hitze kurz braten. Mit Salz und Pfeffer würzen und auf dem Feldsalat anrichten.

TIP

Statt mit Rindsfilet können Sie solch einen feinen Salat auch mit jeder anderen Fleischsorte zubereiten, etwa mit Lamm- oder Hähnchenfilet. Die Zubereitung ändert sich dadurch nicht.

Feldsalat mit Gorgonzolanocken

Zutaten für 4 Personen:

Für die Gorgonzolanocken

1/4 l Milch
75 g Gorgonzola
60 g Polenta
1 Eidotter
1 EL gehacktes Basilikum
schwarzer Pfeffer aus der Mühle

Für den Salat

1 Zwiebel
2–3 EL Balsamessig
Salz
schwarzer Pfeffer aus der Mühle
6–7 EL Olivenöl
150 g Feldsalat
2 kleine Tomaten

1 Für die Nocken die Milch erhitzen, den Gorgonzola darin unter ständigem Rühren schmelzen lassen. Die Polenta einrieseln lassen und dicklich köcheln. Den Topf vom Herd nehmen, das Eidotter und das Basilikum unterrühren. Mit Pfeffer abschmecken und etwas abkühlen lassen.

2 Für den Salat die Zwiebel schälen und fein würfeln, mit Balsamessig, Salz und Pfeffer verquirlen, das Öl mit einem Schneebesen gründlich unterschlagen. Das Dressing abschmecken.

3 Den Feldsalat gründlich waschen, putzen und verlesen, trockenschütteln und in dem Dressing wenden. Die Tomaten vierteln, von Stielansätzen und Kernen befreien und in nicht zu breite Streifen schneiden.

4 Den Salat auf Teller verteilen, die Tomatenspalten dazugeben. Aus der Gorgonzolamasse mit 2 Teelöffeln Nocken abstechen. Auf dem Salatbett anrichten.

TIP

Salat und würziger Käse werden hier auf neue Art kombiniert. Übrigens schmecken die Nocken auch zu Carpaccio oder als Einlage in einer kräftigen Fleischbrühe.

Feldsalat mit Gorgonzolanocken

Pikanter Kaiserschmarrn

Zutaten für 4 Personen:

6 Eier
300 g Mehl
1/2 l Milch
Salz
schwarzer Pfeffer aus der Mühle
1 EL getrockneter Majoran
1 Bund Frühlingszwiebeln
125 g Tiroler Speck
Butter zum Braten
50 g Pignoli (Pinienkerne)
1 Bund Petersilie

1 Die Eier mit Mehl, Milch, Salz, Pfeffer und Majoran glattrühren und etwa 1/2 Stunde zugedeckt quellen lassen.

2 Die Frühlingszwiebeln waschen, putzen und in feine Ringe schneiden.

3 Den Speck kleinwürfeln und zusammen mit etwas Butter in zwei große Pfannen geben. Den Speck leicht anbraten. Die Frühlingszwiebeln dazugeben und kurz mit anschwitzen.

4 Den Teig in die beiden Pfannen gießen und bei schwacher Hitze auf der Unterseite goldbraun backen.

5 Die Pfannkuchen mit zwei Gabeln in Stücke zerreißen und wenden, dabei noch etwas Butter und die Pignoli in die Pfannen geben. Die Schmarrn noch etwa 5 Minuten backen.

6 Die Petersilie waschen, abtrocknen und hacken, zum Servieren über den Schmarrn streuen.

TIP

Statt der Frühlingszwiebeln können Sie auch Lauch oder Zwiebeln verwenden.

Zwiebelpolenta

Zutaten für 4 Personen:

250 g Zwiebeln
1 EL Olivenöl
1 l leichte Brühe oder Wasser
Salz
schwarzer Pfeffer aus der Mühle
200 g Polenta (Maisgrieß)

1 Die Zwiebeln schälen und in kleine Würfel schneiden. In einem Topf das Öl erhitzen, die Zwiebeln darin glasig werden lassen.

2 Die Brühe oder das Wasser dazugießen und aufkochen lassen, leicht würzen. Die Hitze reduzieren.

3 Die Polenta unter Rühren dazugeben. Zugedeckt bei ganz schwacher Hitze 20–30 Minuten quellen lassen und garen. Ab und zu umrühren, damit nichts anbrennt.

SERVIERTIP

Die würzige Zwiebelpolenta als Beilage zu deftigen Fleischgerichten servieren, etwa zu Gulasch oder Wildragout.

Kartoffelschmarrn

Zutaten für 4 Personen:

1,5 kg mehlig kochende Kartoffeln
Salz
300 g Mehl
Butter zum Backen

1 Die Kartoffeln waschen und abbürsten, zugedeckt in wenig kochendem Salzwasser garen. Abgießen und etwas ausdampfen lassen, dann schälen und noch heiß durch die Kartoffelpresse drücken. Salzen und abkühlen lassen.

2 Mehl über die Kartoffeln streuen und alles gründlich mit den Händen zerreiben, bis mittelgroße Brösel entstehen.

3 Ganz wenig Butter in einer Pfanne erhitzen. Eine Handvoll Kartoffelbrösel hineingeben und anbraten, dann in eine zweite, ebenfalls leicht gebutterte Pfanne umfüllen. Nach und nach die gesamte Kartoffelmasse anbraten und den Schmarren weiter braten, bis er goldbraun geworden ist.

INFO

Dies ist ein klassisches Rezept für einen leckeren Kartoffelschmarrn. Er schmeckt am besten zu Sauerkraut und gekochtem Speck, kann aber auch einfach mit Apfelmus serviert werden.

Krautstrudel

Zutaten für 8 Personen:

Für den Teig

250 g Mehl
2 EL Öl
ca. 100 ml Wasser
1 Ei

Für die Füllung

800 g Weißkraut
1 Zwiebel
2 EL Butter
1 EL Zucker
1 EL Essig
$^1/_8$ l Brühe
Salz
schwarzer Pfeffer aus der Mühle
Kümmel
125 g Sauerrahm

Außerdem

Mehl zum Ausrollen und Ausziehen
etwa 50 g Butter zum Bestreichen

1 Das Mehl mit dem Öl, dem Wasser und dem Ei zu einem glatten Teig verkneten. Den Teig 10 Minuten lang kräftig durchkneten, bis er geschmeidig ist. In Klarsichtfolie gewickelt mindestens $^1/_2$ Stunde ruhen lassen.

2 Inzwischen für die Füllung das Kraut putzen und fein hobeln oder raspeln. Die Zwiebel schälen und kleinwürfeln.

3 Die Butter in einem breiten Topf erhitzen, die Zwiebeln darin glasig werden lassen. Den Zucker dazugeben und leicht karamelisieren lassen, dann das Weißkraut unterrühren. Mit Essig und Brühe ablöschen, mit Salz, Pfeffer und Kümmel würzen. Zugedeckt bei schwacher Hitze unter häufigem Rühren etwa 20 Minuten köcheln lassen. Zum Schluß eventuell noch die Feuchtigkeit im offenen Topf verdampfen lassen. Vom Herd nehmen.

4 Den Backofen auf 200 °C vorheizen. Den Strudelteig auf leicht bemehlter Fläche und mit leicht bemehlten Händen zuerst dünn ausrollen, dann auf ein Küchentuch heben und darauf sehr dünn ausziehen.

5 Die Butter zum Bestreichen zerlassen, den Strudel dünn damit bestreichen. Den Sauerrahm unter das Weißkraut mischen und dieses auf dem Strudelteig verteilen. Dabei überall einen etwa 3 cm breiten Rand frei lassen.

6 Den Strudel mit Hilfe des Küchentuches aufrollen, dabei die Teigränder nach innen einschlagen. Den Strudel mit Hilfe des Tuches auf ein gefettetes Backblech heben, dabei soll die Teignaht unten liegen.

7 Den Strudel mit zerlassener Butter bestreichen und nach Belieben mit Kümmel bestreuen. Im Ofen in etwa 40 Minuten goldbraun backen.

SERVIERTIP

Zum Strudel schmeckt eine würzige Tomatensauce ebenso gut wie Kräuterrahm oder Kräutertopfen.

Gratinierte Polenta

Zutaten für 4 Personen:

1/2 l leichte Brühe
Salz, schwarzer Pfeffer aus der Mühle
125 g Polenta (Maisgrieß)
Olivenöl für die Form
3–4 feste Tomaten
4 EL Thymianblättchen
4 EL gehackte Petersilie
125 g Mozzarella
125 g Gorgonzola

1 Die Brühe aufkochen lassen und leicht würzen. Die Hitze reduzieren. Die Polenta unter Rühren dazugeben. Zugedeckt bei ganz schwacher Hitze 20 Minuten quellen lassen und garen. Ab und zu umrühren, damit nichts anbrennt.

2 Den Backofen auf 225 °C vorheizen. Eine etwa 20 cm große feuerfeste Form mit Öl ausstreichen.

3 Die Polenta in die Form geben und darin glattstreichen. Die Tomaten waschen, ohne die Stielansätze in Scheiben schneiden und eventuell leicht entkernen, auf die Polenta legen. Mit den Kräutern bestreuen.

4 Den Mozzarella und den Gorgonzola würfeln und über die Tomaten streuen, alles im Ofen etwa 15 Minuten überbacken.

INFO

Statt als Beilage wird Polenta hier als eigenständiges kleines Essen zubereitet – mit Tomaten belegt und mit zweierlei Käse überbacken.

Semmelknödel mit Pilz-Zwiebel-Rahm

Zutaten für 4 Personen:

Für die Semmelknödel

5 altbackene Semmeln
Salz
1/4 l Milch
1/2 Bund glatte Petersilie
1/2 kleine Zwiebel
1 EL Butter
2 Eier

Für den Pilzrahm

30 g getrocknete Steinpilze
4 Zwiebeln
2 EL Öl
2 Knoblauchzehen
1 EL Mehl
1/8 l Brühe
1/8 l Milch
1/8 l trockener Weißwein
2 TL getrockneter Thymian
Salz, schwarzer Pfeffer aus der Mühle

1 Die Semmeln in sehr dünne Scheiben schneiden, in eine Schüssel geben und mit 1/4 Teelöffel Salz bestreuen. Die Milch aufkochen lassen, über die Semmeln gießen und diese zugedeckt etwa 30 Minuten quellen lassen. Die getrockneten Steinpilze für den Rahm mit 1/8 l warmem Wasser übergießen und ebenfalls quellen lassen.

2 Inzwischen die Petersilie waschen, abtrocknen und fein hacken. Die Zwiebeln schälen und kleinwürfeln. Die Butter in einer Pfanne erhitzen, die Zwiebeln darin glasig werden lassen.

3 Die Zwiebeln mit der Petersilie und den Eiern zu den Semmeln geben und alles sehr gründlich verkneten. Mit feuchten Händen acht Knödel daraus formen.

4 Reichlich Salzwasser aufkochen lassen. Die Hitze reduzieren, die Knödel hineingleiten lassen. Offen bei schwacher Hitze etwa 20 Minuten ziehen lassen.

5 Für den Pilz-Zwiebel-Rahm die eingeweichten Pilze abgießen (das Einweichwasser auffangen) und kleinschneiden. Die Zwiebeln schälen und kleinwürfeln.

6 Das Öl in einem Topf erhitzen, die Zwiebeln darin leicht goldgelb anbraten. Die Pilze dazugeben und kurz mit anschwitzen, den Knoblauch schälen und dazupressen.

7 Das Mehl über Zwiebeln und Pilze stäuben und kurz anschwitzen, dann mit der Brühe ablöschen. Das Einweichwasser der Pilze, die Milch und den Wein angießen, alles mit Thymian, Salz und Pfeffer würzen und 10 Minuten bei schwacher Hitze köcheln lassen.

8 Die Semmelknödel mit einem Schaumlöffel herausheben und gut abtropfen lassen. Den Pilz-Zwiebel-Rahm abschmecken und zusammen mit den Semmelknödeln servieren.

SERVIERTIP

Semmelknödel werden hier mit einer Rahmsauce, zubereitet aus getrockneten Steinpilzen, serviert. Sie sind aber auch passende Beilage zu Gulasch oder anderen saucenreichen Fleischgerichten, und sie werden gern in klaren Suppen serviert.

Sauerkrauttäschchen

Zutaten für 4 Personen:

Für den Teig

350 g Mehl (und Mehl zum Ausrollen)
1 Ei
2 EL Öl
Salz
gut 1/8 l Wasser

Für die Füllung

1 große Zwiebel
1 EL Öl
400 g Sauerkraut
Salz
schwarzer Pfeffer aus der Mühle

Zum Servieren

1 Zwiebel
100 g durchwachsener Räucherspeck
1 EL Öl
Schnittlauchröllchen

1 Für den Teig alle Zutaten vermengen und sehr ausgiebig verkneten. Zu einer Kugel formen und zugedeckt mindestens 1 Stunde ruhen lassen.

2 Inzwischen für die Füllung die Zwiebel schälen und kleinwürfeln. In einem Topf das Öl leicht erhitzen, die Zwiebelwürfel darin goldgelb anbraten. Das Sauerkraut dazugeben, mit Salz und Pfeffer würzen und zugedeckt 10 Minuten köcheln, dann abkühlen lassen.

3 Den Nudelteig mit der Nudelmaschine oder auf dünn bemehlter Arbeitsfläche dünn ausrollen. 8 cm große Kreise daraus ausstechen. Die Ränder ganz leicht mit Wasser befeuchten.

4 Jeweils etwas Sauerkraut in der Mitte auf die Teigkreise geben. Die Ränder ganz leicht mit Wasser befeuchten, die Kreise zu Halbkreisen zusammenklappen und die Ränder gut festdrücken.

5 Reichlich Salzwasser aufkochen lassen. Die Nudeltaschen darin portionsweise etwa 5 Minuten garen.

6 Gleichzeitig zum Servieren die Zwiebel schälen und kleinwürfeln, den Speck ebenfalls kleinwürfeln. Das Öl in einer Pfanne erhitzen, die Zwiebeln und den Speck hineingeben. Die Zwiebeln goldgelb und den Speck leicht knusprig werden lassen.

7 Die Nudeltaschen sehr gut abtropfen lassen und mit der Specksauce servieren. Schnittlauchröllchen aufstreuen.

INFO

Dies ist eine Variante der »Ravioli alla pusterese«, der im Pustertal beliebten, in Fett ausgebackenen Teigtaschen.

Blaukraut Bozner Art

Zutaten für 4 Personen:

1 Kopf Blaukraut
75 g durchwachsener Speck
1 Zwiebel
2 EL Butter
1 EL Olivenöl
1/8 l trockener Wein
Salz
schwarzer Pfeffer aus der Mühle

1 Den Kohl von den äußeren Blättern und dem Strunk befreien und grob hobeln. Den Speck in kleine Würfel schneiden. Die Zwiebel schälen und ebenfalls kleinwürfeln.

2 Speck, Zwiebelwürfel, Butter und Öl in einen großen Topf geben. Bei mittlerer Hitze die Zwiebelwürfel glasig werden lassen.

3 Das Blaukraut dazugeben und kurz anschwitzen, mit dem Wein ablöschen. Mit Salz und Pfeffer würzen und fest zugedeckt 45 Minuten köcheln lassen.

INFO

Blaukraut ist eine beliebte winterliche Beilage zu saftigen Sonntagsbraten, etwa zu Wild oder Rind.

Überbackene Petersilienspatzln mit Kraut

Zutaten für 4 Personen:

Für die Spatzln

3 Bund glatte Petersilie
250 g Mehl
3 Eier
1 TL Salz
100 ml Wasser

Außerdem

200 g kleine Zwiebeln
40 g Butter
300 g Sauerkraut
Salz
schwarzer Pfeffer aus der Mühle
scharfes Paprikapulver
150 g Käse (z. B. Provolone)

1 Für die Spatzln die Petersilie waschen, abtrocknen und fein hacken, zusammen mit dem Mehl, den Eiern, Salz und 100 ml Wasser zu einem glatten Teig verkneten. Zugedeckt etwa 1/2 Stunde quellen lassen.

2 Inzwischen die Zwiebeln schälen und in dünne Ringe schneiden. Die Butter in einer breiten Pfanne zerlassen, die Zwiebeln darin goldgelb anbraten. Das Sauerkraut eventuell zerzupfen, dann zu den Zwiebeln geben und kurz mit anschwitzen. Mit Salz, Pfeffer und Paprikapulver würzen.

3 Reichlich Salzwasser in einem großen Topf aufkochen lassen. Die Spatzln portionsweise vom feuchten Brett oder mit einem Spätzlehobel in das kochende Wasser schaben bzw. tropfen lassen. Kochen lassen, bis sie an der Oberfläche schwimmen, dann mit einer Schaumkelle herausheben und gut abtropfen lassen.

4 Den Backofen auf 200 °C vorheizen. Den Käse reiben.

5 Abwechselnd Spätzle, Kraut, Zwiebeln und geriebenen Käse in eine feuerfeste Form schichten, dabei mit Käse abschließen. Alles im Ofen etwa 20 Minuten überbacken.

VARIANTEN

Statt mit Petersilie können Sie die Spatzln mit jedem anderen Kraut verfeinern und so für geschmackliche Abwechslung sorgen. Für ein noch kräftigeres Aroma können Sie kleingewürfelten Speck in der Butter anbraten, bevor Zwiebeln und Sauerkraut dazukommen.

Zwiebelrostbraten

Zutaten für 4 Personen:

4 Zwiebeln
4 Scheiben Rinderbraten (Roastbeef)
schwarzer Pfeffer aus der Mühle
2 EL Öl
Salz
1/2 Bund Petersilie
2 EL Butter
etwas Mehl

1 Den Backofen auf 100 °C vorheizen. Die Zwiebeln schälen und in dünne Scheiben schneiden, die Scheiben in Ringe teilen.

2 Das Fleisch kalt abwaschen, abtrocknen und von beiden Seiten kräftig pfeffern.

3 Das Öl in einer großen Pfanne stark erhitzen, die Fleischscheiben darin von beiden Seiten scharf anbraten. Salzen, bei etwas reduzierter Hitze noch 3 bis 4 Minuten braten, dann aus der Pfanne nehmen und zugedeckt im vorgeheizten Ofen warm halten.

4 Die Petersilie waschen, abtrocknen und hacken. Die Butter in der Pfanne aufschäumen lassen, die Zwiebeln darin bräunen. Ganz leicht mit Mehl bestäuben, die Petersilie dazugeben, salzen und pfeffern.

5 Die Fleischscheiben auf Teller geben, die Zwiebelmischung darauf verteilen. Sofort servieren.

Zwiebelrostbraten

Rehragout mit getrockneten Steinpilzen

Zutaten für 4 Personen:

40 g getrocknete Steinpilze
2 Zwiebeln
75 g Speck
500 g Rehfleisch (z. B. Gulaschfleisch aus der Keule)
2 EL Öl
1 zerdrücktes Lorbeerblatt
1 TL zerdrückte Wacholderbeeren
Salz
schwarzer Pfeffer aus der Mühle
1/4 l trockener Rotwein
400 g geschälte Dosentomaten
100 g Schlagrahm

1 Die getrockneten Steinpilze abbrausen, in einem Schälchen mit warmem Wasser bedecken und etwa 30 Minuten einweichen.

2 Inzwischen die Zwiebeln schälen und kleinwürfeln. Den Speck von Schwarte und Knorpeln befreien und ebenfalls würfeln. Das Rehfleisch kalt abwaschen, abtrocknen und in mundgerechte, eher etwas kleinere Stücke schneiden.

3 Das Öl in einem großen Topf erhitzen, das Fleisch darin rundherum bei starker Hitze anbraten. Die Zwiebeln dazugeben und kurz mit anbraten. Mit Lorbeer, Wacholderbeeren, Salz und Pfeffer würzen.

4 Die Pilze in ein feines Sieb gießen, das abtropfende Pilzwasser auffangen. Die Pilze eventuell etwas kleiner schneiden, zum Rehragout geben und kurz mit anschwitzen.

5 Das Einweichwasser der Pilze und den Wein angießen, die Tomaten ebenfalls dazugeben. Alles zugedeckt bei schwacher Hitze etwa 1 Stunde schmoren, dabei ab und zu umrühren.

6 Den Rahm dazugießen. Das Ragout abschmecken und noch einige Minuten im offenen Topf einkochen lassen.

SERVIERTIP

Als Beilage zum saftigen Rehragout passen Polenta oder Semmelknödel gleichermaßen.

VARIANTE

Während der Pilzsaison sollten Sie natürlich frische Steinpilze – oder eine andere Waldpilzsorte – verwenden. Etwa 300 g sind dabei die richtige Menge, und Sie sollten die Pilze in Butter anbraten und erst für die letzten 10 bis 15 Minuten zum Rehragout geben.

Truthahngulasch mit Lauch

Zutaten für 4 Personen:

600 g Truthahngulasch bzw. Truthahnbrust
3 Zwiebeln
2 Knoblauchzehen
2 EL Öl
Salz
schwarzer Pfeffer aus der Mühle
edelsüßes Paprikapulver
200 ml Brühe oder trockener Weißwein
2 zarte Lauchstangen
100 g Schlagrahm
1–2 EL Polenta

1 Das Fleisch kalt abwaschen, abtrocknen und mundgerecht würfeln, dabei alle Sehnen entfernen.

2 Die Zwiebeln und den Knoblauch schälen und würfeln bzw. hacken.

3 Das Öl in einem Schmortopf erhitzen, das Fleisch darin rundherum bei starker Hitze goldbraun anbraten. Die Hitze reduzieren, Zwiebeln und Knoblauch kurz mit anbraten. Mit Salz, Pfeffer und Paprikapulver würzen und mit der Brühe oder dem Wein ablöschen. Zugedeckt bei schwacher Hitze etwa 20 Minuten schmoren.

4 Inzwischen den Lauch putzen, aufschlitzen und waschen, in Ringe schneiden. Mit dem Rahm zum Gulasch geben und alles zugedeckt noch 10 Minuten schmoren.

Truthahngulasch mit Lauch

5 Polenta einrieseln lassen und das Gulasch dadurch leicht andicken. Noch kurz aufkochen lassen und herzhaft abschmecken.

TIP

Gulasch gehört zu den Klassikern der Südtiroler Küche. Es wurde früher meist aus Rindfleisch zubereitet und lange geschmort. Hier eine moderne Version mit kurzer Garzeit – zubereitet aus zartem Truthahnfleisch.

SERVIERTIP

Ob aus Rind- oder Truthahnfleisch zubereitet – zum Gulasch passen Semmelknödel ebenso gut wie Spatzln oder lockere Polenta.

Ochsenschwanz mit Wintergemüse

Zutaten für 4 Personen:

1 große Zwiebel
1,4 kg Ochsenschwanz (in Stücke zerteilt)
schwarzer Pfeffer aus der Mühle
2 EL Öl
Salz
2 EL Mehl
¾ l trockener, kräftiger Wein (nach Belieben Weißwein oder Rotwein)
1 kg gemischtes Wintergemüse (gelbe Rüben, Sellerie, Lauch, Kohl)
reichlich frische oder getrocknete Kräuter (Thymian, Lorbeer, Majoran, Petersilie)

1 Die Zwiebel schälen und kleinwürfeln. Die Ochsenschwanzstücke waschen, abtrocknen und rundherum pfeffern.

2 Das Öl in einem breiten Schmortopf erhitzen, die Ochsenschwanzstücke darin rundherum scharf anbraten. Erst dann salzen. Die Zwiebeln dazugeben und leicht mit anrösten.

3 Das Mehl über die Ochsenschwanzstücke stäuben und kurz verrühren, dann mit dem Wein ablöschen. Das Fleisch zugedeckt bei schwacher Hitze etwa 1 Stunde schmoren.

4 Inzwischen das Gemüse waschen, putzen und mundgerecht zerkleinern. Die Kräuter waschen, abtrocknen und hacken.

5 Das Gemüse und die Kräuter zum Ochsenschwanz geben. Alles verrühren, abschmecken und zugedeckt nochmals etwa 1 Stunde schmoren.

SERVIERTIP

Zum Ochsenschwanzragout Polenta oder einfach kräftiges Bauernbrot als Beilage servieren.

Scheiterhaufen mit Birnen

Zutaten für 4 Personen:

200 ml Milch
75 g Butter (und Butter für die Form)
1 Stück unbehandelte Zitronenschale
4 altbackene Semmeln
350 g feste aromatische Birnen (z. B. Williams)
Zitronensaft
50 g Rosinen oder Korinthen
3 Eier
2 EL Honig
50 g Zucker
75 g Mandelstifte

1 Den Backofen auf 200 °C vorheizen. Eine breite Auflaufform gründlich mit Butter ausstreichen.

2 In einem kleinen Topf die Milch mit der Hälfte der Butter und der Zitronenschale einmal aufkochen lassen. Etwas wieder abkühlen lassen.

3 Die Semmeln in dünne Scheiben schneiden und dachziegelförmig in die vorbereitete Form legen.

4 Die Birnen vierteln, schälen und entkernen, in Spalten schneiden und mit Zitronensaft beträufeln. Die Birnen zwischen die Semmeln stecken, die Rosinen ebenfalls dazugeben.

5 In einer Schüssel die Eier mit dem Honig und dem Zucker verquirlen, die warme Milch nach und nach unterschlagen. Dabei die Zitronenschale entfernen.

6 Die Eiermilch gleichmäßig über die Brötchenscheiben träufeln, die Mandelstifte aufstreuen. Die restliche Butter in Flöckchen darüber verteilen, alles im Ofen in etwa 40 Minuten goldbraun und knusprig backen.

TIP

Im Original wird der Scheiterhaufen mit Äpfeln zubereitet, mit Birnen schmeckt er aber ebenso lecker. Vorausgesetzt, Sie verwenden eine aromatische Birnensorte.

Dampfnudeln

Zutaten für 6 Personen:

Für den Teig

40 g Germ
150 ml lauwarme Milch
400 g Mehl (und Mehl zum Bearbeiten)
40 g weiche Butter
1 großes Ei
40 g Zucker
1 Prise Salz

Zum Garen der Dampfnudeln

300 ml Milch
50 g Butter
60 g Zucker

Zum Servieren

Staubzucker
Minze oder Zitronenmelisse

1 Germ in eine Tasse bröckeln und darin mit den 150 ml Milch glattrühren. Etwas Mehl darüberstäuben und den Vorteig etwa 15 Minuten ruhen lassen, bis sich auf der Oberfläche Blasen gebildet haben.

2 Das restliche Mehl in eine Schüssel geben. Den Vorteig, die weiche Butter, das Ei, den Zucker und das Salz dazugeben, alles zu einem glatten, weichen Teig verkneten. Eventuell noch etwas mehr Milch unterkneten. Den Teig zugedeckt an einem warmen Ort etwa 30 Minuten gehen lassen.

3 Den Teig anschließend auf leicht bemehlter Fläche noch einmal gründlich durchkneten. 12 kleine Knödel daraus formen.

4 In einem Topf mit etwa 30 cm Durchmesser und dicht schließendem Deckel die 300 ml Milch mit der Butter und dem Zucker aufkochen lassen, die Hitze reduzieren. Die Germknödelchen locker nebeneinander hineinsetzen, fest zugedeckt bei schwacher Hitze in etwa 35 Minuten garen. Mit Staubzucker bestreut und mit Minze oder Melisse garniert servieren.

SERVIERTIP

Zu den Dampfnudeln schmeckt eine gut gekühlte, cremige Vanillesauce. Ein Rezept dafür finden Sie auf Seite 79.

WICHTIG

Die Dampfnudeln werden im fest verschlossenen Topf gegart. Den Deckel des Topfes dabei auf keinen Fall hochheben, sonst fallen die Dampfnudeln zusammen.

Dampfnudeln

Traubencreme

Zutaten für 4 Personen:

4 Blatt weiße Gelatine
1/8 l Traubensaft
2 frische Eier
50 g Zucker
200 g Schlagrahm
helle und dunkle Trauben zum Garnieren

1 Die Gelatine in reichlich kaltem Wasser einweichen. Den Traubensaft erwärmen, die Gelatine tropfnaß hineingeben und dadurch auflösen.

2 Die Eier trennen. Die Eidotter mit dem Zucker hellcremig rühren. Nach und nach den warmen Traubensaft unterschlagen, bis eine schaumige Creme entstanden ist.

3 Die Creme zugedeckt etwa 15 Minuten lang kalt stellen, bis sie zu gelieren beginnt. Dann das Eiweiß und den Rahm getrennt steif schlagen und unterheben. In Portionsschälchen umfüllen und darin fest werden lassen.

4 Zum Servieren die Trauben waschen, nach Belieben teilweise in Zucker tunken. Die Trauben auf der Creme anrichten.

TIP

Für eine besondere Gelegenheit die Creme einmal mit hellem und einmal mit rotem Traubensaft zubereiten. Die beiden Cremesorten in Glasschälchen schichten.

Bratäpfel

Zutaten für 4 Personen:

75 g Rosinen oder Korinthen
75 g getrocknete Aprikosen
4 EL Grappa
100 g Marzipanrohmasse
2 EL Sauerrahm
1 Päckchen Vanillezucker
1 Prise Zimtpulver
4 große säuerliche Äpfel (z. B. Boskop)
2–3 EL Zitronensaft
Butter für die Form

1 Den Backofen auf 200 °C vorheizen.

2 Die Rosinen oder Korinthen und die Aprikosen heiß abwaschen, abtrocknen und kleinhacken. In einer Tasse mit Grappa beträufeln.

3 Das Marzipan weich kneten, mit dem Sauerrahm, Vanillezucker, Zimt, Mandeln und den Trockenfrüchten mischen.

4 Die Äpfel waschen und gut abreiben. Die Kerngehäuse ausstechen, die Äpfel dann innen mit Zitronensaft beträufeln.

5 Die Marzipanmasse in die Äpfel füllen und diese in eine gefettete Auflaufform setzen. Im Ofen etwa 20 bis 25 Minuten backen.

Kniekiechl

Zutaten für 12 Personen:

30 g Germ
1/2 EL Zucker
etwa 1/4 l lauwarme Milch
500 g Mehl
3 Eidotter
50 g zerlassene Butter
1–2 TL abgeriebene Zitronenschale (unbehandelt)
Mehl zum Formen
Fett zum Ausbacken
eingemachte Preiselbeeren
Staubzucker

1 Germ in eine Tasse bröckeln und darin mit dem Zucker, etwas Milch und etwas Mehl glattrühren. Zugedeckt an einem warmen Ort 15 Minuten etwas aufgehen lassen.

2 Die übrigen Zutaten und den Vorteig in eine große Schüssel geben und verkneten. Dabei so viel Milch dazugeben, bis ein geschmeidiger, nicht zu fester Teig entsteht. Zugedeckt an einem warmen Ort gut aufgehen lassen.

3 Den Teig auf leicht bemehlter Fläche noch einmal kurz durchkneten. Dann in 12 gleichmäßige Stücke schneiden, diese zu Kugeln formen und unter einem Tuch erneut gehen lassen.

4 Das Fett zum Ausbacken erhitzen. Mit beiden Händen unter die Krapfen fassen und diese gleichmäßig rundherum etwas ausziehen, so daß am Rand ein dicker Wulst entsteht.

5 Die Kniekiechl nach und nach in dem heißen Fett ausbacken, dabei die Krapfen immer wieder mit einem Löffelstiel in das heiße Fett tauchen, damit sich rundherum eine schöne Kappe bildet.

6 Fertige Kniekiechl mit einer Schaumkelle aus dem Fett heben und auf Küchenpapier gut abtropfen lassen. Umgedreht auf Teller legen und die Vertiefung mit Preiselbeeren füllen. Mit Staubzucker bestreuen.

Schlosserbuben mit Weinschaumsauce

Zutaten für 6 Personen:

Für die Schlosserbuben

100 g Mehl
1/8 l trockener Weißwein
1 EL Zucker
1 Prise Salz
2 EL zerlassene Butter
2 Eidotter
25 g Mandeln
200 g große getrocknete Pflaumen
Öl zum Ausbacken
geraspelte Schokolade zum Wenden
Staubzucker zum Bestäuben

Für die Weinschaumsauce

3 Eidotter
2 EL Zucker
1/8 l trockener Weißwein

1 Für die Schlosserbuben aus Mehl, Wein, Zucker, Salz, Butter und den Eidottern einen glatten Teig anrühren. Zugedeckt mindestens 1/2 Stunde ruhen lassen.

2 Die Mandeln für einige Minuten in etwas kochendes Wasser geben, abgießen und die hellen Kerne aus den dunklen Häutchen drücken.

3 Die Pflaumen entsteinen, sehr trockene Früchte evtl. kurz in etwas warmem Wasser quellen lassen. Jeweils eine Mandel statt des Steines in die Pflaumen drücken.

4 Für die Weinschaumsauce ein heißes Wasserbad vorbereiten. Die Eidotter mit dem Zucker in einer Wasserbadschüssel verrühren, über dem Wasserbad schaumig aufschlagen. Dabei nach und nach den Wein dazugießen. Es soll eine dickschaumige Sauce entstehen. Warm halten.

5 Gleichzeitig reichlich Öl zum Ausbacken auf 180 °C erhitzen. Es ist heiß genug, wenn an einem hineingehaltenen Holzlöffelstiel sofort kleine Bläschen nach oben steigen.

6 Nach und nach die Pflaumen auf eine Gabel spießen, durch den Teig ziehen und in dem heißen Öl rundherum goldbraun ausbacken. Mit einer Schaumkelle herausheben, auf Küchenpapier abtropfen und etwas abkühlen lassen, dann in der geraspelten Schokolade wenden. Mit der Weinschaumsauce anrichten und leicht mit Staubzucker bestäuben.

Kastaniencreme

Zutaten für 4 Personen:

2 Blatt weiße Gelatine
1 Vanilleschote
50 ml Milch
200 g ungesüßtes Kastanienpüree
2 EL Grappa
3 EL Staubzucker
200 g Schlagrahm
Schokoladenraspel zum Garnieren

1 Die Gelatine in reichlich kaltem Wasser einweichen. Die Vanilleschote längs aufschlitzen, das Mark auskratzen. Die Milch aufkochen lassen, die Vanilleschote und das Mark hineingeben, kurz ziehen lassen. Dann die Schote entfernen und die Gelatine in der heißen Milch auflösen.

2 Das Kastanienpüree in einem Topf leicht erwärmen und dadurch schmelzen. Mit der Milch, Grappa und Staubzucker glattrühren, eventuell durch ein Sieb streichen. Abkühlen lassen.

3 Den Rahm steif schlagen und unter die Kastaniencreme heben, in Dessertschälchen verteilen und darin zugedeckt mindestens 2 Stunden kalt stellen. Mit Schokoladenraspeln garnieren.

Mohnnudeln mit Preiselbeer-Apfel-Kompott

Zutaten als Dessert für 6–8 Personen, als süßes Hauptgericht für 3–4 Personen:

Für die Mohnnudeln

500 g mehlig kochende Kartoffeln
1 kleines Ei
1 kleines Eidotter
etwa 150 g Mehl (und Mehl zum Formen)
Salz
Butter zum Braten
4 EL gemahlener Mohn
2 EL Staubzucker

Für das Preiselbeer-Apfel-Kompott

4 säuerliche Äpfel
2 EL Zitronensaft
2 EL Zucker
etwas Wein oder Wasser
4 EL Preiselbeerkompott

1 Für das Preiselbeer-Apfel-Kompott die Äpfel vierteln, schälen und entkernen, die Viertel quer in Scheiben schneiden. Mit dem Zitronensaft, Zucker und wenig Wein oder Wasser in einen Topf geben und zugedeckt kurz köcheln lassen. Das Preiselbeerkompott unterrühren und das Kompott abkühlen lassen.

2 Gleichzeitig die Kartoffeln waschen und zugedeckt in wenig Wasser in 25 bis 35 Minuten garen. Abdampfen, schälen und dann abkühlen lassen.

3 Die abgekühlten Kartoffeln durch die Presse drücken. Mit dem Ei, dem Eidotter und etwas Salz zu einem glatten Teig verrühren.

4 Vom Kartoffelteig etwa kirschgroße Stücke abstechen, in Mehl wenden und zwischen den Handflächen spindelförmig ausrollen. Die fertigen Kartoffelnudeln nebeneinander auf die bemehlte Arbeitsfläche legen.

5 In einem großen Topf reichlich Salzwasser zum Kochen bringen. Etwa ein Drittel der Kartoffelnudeln hineingeben und nach dem Aufwallen bei milder Hitze etwa 2 Minuten ziehen lassen. Mit einem Schaumlöffel in ein Sieb heben, unter kaltem Wasser schrecken und auf einem Küchentuch ausbreiten. Die übrigen Kartoffelnudeln portionsweise wie beschrieben garen.

6 Zum Servieren ausreichend Butter in einer breiten Pfanne erhitzen. Die Kartoffelnudeln darin goldbraun braten, mit Mohn und Staubzucker bestäuben und mit dem Kompott anrichten.

TIP

Statt die Nudeln bis zum Kochen auf die bemehlte Arbeitsfläche zu legen, kann man sie auch auf Backpapier legen. Zum Kochen müssen sie nicht einzeln in das Wasser gehoben werden, man kann sie einfach mit dem Papier ins kochende Wasser tauchen. Die Nudeln lösen sich sofort vom Papier, selbst wenn sie ein wenig angeklebt sind. Damit sie in drei Portionen gekocht werden können, entweder drei kleine Stücke Backpapier verwenden oder das Papier zwischen den Nudeln durchschneiden.

Mohnnudeln mit Preiselbeer-Apfel-Kompott

Register

Register

BILDNACHWEIS

Titelbild und Rezeptfotos: Klaus Arras
Foodstyling: Petra Wegler
(Aufnahmen auf Agfachrome RSX 100)
Sonstige Fotos: Klaus Arras, außer:
Angelika Illes: Seite 11, 67
Handelskammer Bozen: Seite 8, 16, 77
Handelskammer Bozen, Paolo Risser: Seite 53
Romedius: Seite 27, 86, 87

3500
FACCIO SANDRO
SPINELLI F.lli
6000
MAZZO
1500